中华人民共和国企业所得税法

注释本

法律出版社法规中心　编

法律出版社
LAW PRESS CHINA
·北　京·

图书在版编目（CIP）数据

中华人民共和国企业所得税法注释本 / 法律出版社法规中心编. -- 3 版. -- 北京 : 法律出版社, 2025.
(法律单行本注释本系列). -- ISBN 978 - 7 - 5197 - 9641 - 9

Ⅰ. D922.222.5

中国国家版本馆 CIP 数据核字第 2024KN0287 号

中华人民共和国企业所得税法注释本
ZHONGHUA RENMIN GONGHEGUO QIYE SUODESHUIFA ZHUSHIBEN

法律出版社法规中心 编

责任编辑 陈昱希
装帧设计 李 瞻

出版发行 法律出版社
编辑统筹 法规出版分社
责任校对 张红蕊
责任印制 耿润瑜
经　　销 新华书店

开本 850 毫米 × 1168 毫米 1/32
印张 5.25 **字数** 117 千
版本 2025 年 1 月第 3 版
印次 2025 年 1 月第 1 次印刷
印刷 涿州市星河印刷有限公司

地址:北京市丰台区莲花池西里 7 号(100073)
网址:www.lawpress.com.cn
投稿邮箱:info@lawpress.com.cn
举报盗版邮箱:jbwq@lawpress.com.cn
销售电话:010 - 83938349
客服电话:010 - 83938350
咨询电话:010 - 63939796

书号:ISBN 978 - 7 - 5197 - 9641 - 9 **定价**:20.00 元

编辑出版说明

现代社会是法治社会，社会发展离不开法治护航，百姓福祉少不了法律保障。遇到问题依法解决，已经成为人们处理矛盾、解决纠纷的不二之选。然而，面对纷繁复杂的法律问题，如何精准、高效地找到法律依据，如何完整、准确地理解和运用法律，日益成为人们“学法、用法”的关键所在。

为了帮助读者快速准确地掌握“学法、用法”的本领，我社开创性地推出了“法律单行本注释本系列”丛书，至今已十余年。本丛书历经多次修订完善，现已出版近百个品种，涵盖了社会生活的重要领域，已经成为广大读者学习法律、应用法律之必选图书。

本丛书具有以下特点：

1. 出版机构权威。成立于1954年的法律出版社，是全国首家法律专业出版机构，始终秉承“为人民传播法律”的宗旨，完整记录了中国法治建设发展的全过程，享有“社会科学类全国一级出版社”等荣誉称号，入选“全国百佳图书出版单位”。

2. 编写人员专业。本丛书皆由相关法律领域内的专业人士编写，确保图书内容始终紧跟法治进程，反映最新立法动态，体现条文本义内涵。

3. 法律文本标准。作为专业的法律出版机构，多年来，我社始终使用全国人民代表大会常务委员会公报刊登的法律文本，积淀了丰富的标准法律文本资源，并根据立法进度及时更新相关内容。

4. 条文注解精准。本丛书以立法机关的解读为蓝本，给每个条文提炼出条文主旨，并对重点条文进行注释，使读者能精准掌握立法意图，轻松理解条文内容。

5. 配套附录实用。书末“附录”部分收录的均为重要的相关法律、法规和司法解释，使读者在使用中更为便捷，使全书更为实用。

需要说明的是，本丛书中“适用提要”“条文主旨”“条文注释”等内容皆是编者为方便读者阅读、理解而编写，不同于国家正式通过、颁布的法律文本，不具有法律效力。本丛书不足之处，恳请读者批评指正。

我们用心打磨本丛书，以期待为法律相关专业的学生释法解疑，致力于为每个公民的合法权益撑起法律的保护伞。

法律出版社法规中心

2024 年 12 月

目　　录

附 录

《中华人民共和国企业所得税法》适用提要

《中华人民共和国企业所得税法》(以下简称《企业所得税法》)是为了使中国境内企业和其他取得收入的组织缴纳企业所得税制定的法律。我国现行《企业所得税法》于2007年第十届全国人民代表大会第五次会议通过,先后经历了2017年、2018年两次修正,企业所得税制度不断优化完善,对建立各类企业统一适用的科学、规范的企业所得税制度,为各类企业创造公平的市场竞争环境具有重要作用。

一、《企业所得税法》立法的必要性和出台时机

2007年《企业所得税法》出台之前,我国的企业所得税按内资、外资企业分别立法,外资企业适用1991年第七届全国人民代表大会第四次会议通过的《中华人民共和国外商投资企业和外国企业所得税法》(以下简称外资税法),内资企业适用1993年国务院发布的《中华人民共和国企业所得税暂行条例》(以下简称内资税法)。自20世纪70年代末实行改革开放以来,为吸引外资、发展经济,我国对外资企业采取了有别于内资企业的税收政策,实践证明这样做是必要的,

对改革开放、吸引外资、促进经济发展发挥了重要作用。截至2006年年底,全国累计批准外资企业59.4万户,实际使用外资6919亿美元。2006年外资企业缴纳各类税款7950亿元,占全国税收总量的21.12%。

随着社会主义市场经济体制初步建立,我国加入世贸组织后,国内市场对外资进一步开放,内资企业也逐渐融入世界经济体系之中,面临越来越大的竞争压力,继续采取内资、外资企业不同的税收政策,必将使内资企业处于不平等竞争地位,影响统一、规范、公平竞争的市场环境的建立。内资、外资企业所得税制度在执行中也暴露出一些问题,已经不适应新的形势要求:

一是内资税法、外资税法差异较大,造成企业之间税负不平、苦乐不均。内资税法与外资税法在税收优惠、税前扣除等政策上,存在对外资企业偏松、内资企业偏紧的问题,根据当时的全国企业所得税税源调查资料测算,内资企业平均实际税负约为25%,外资企业平均实际税负约为15%,内资企业高出外资企业近10%,企业要求统一税收待遇、公平竞争的呼声较高。

二是企业所得税优惠政策存在较大漏洞,扭曲了企业经营行为,造成国家税款的流失。比如,一些内资企业采取将资金转到境外再投资境内的"返程投资"方式,享受外资企业所得税优惠等。

三是内资税法、外资税法实施10多年来,我国经济社会情况发生了很大变化,需要针对新情况及时完善和修订。一些部门规范性文件发布的许多重要税收政策,也需要及时补充到法律中。

为有效解决企业所得税制度存在的上述问题，有必要尽快统一内资、外资企业所得税。企业所得税“两法合并”改革，有利于促进我国经济结构优化和产业升级，有利于为各类企业创造一个公平竞争的税收法制环境，是适应我国社会主义市场经济发展新阶段的一项制度创新，是体现“五个统筹”、促进经济社会可持续发展战略的配套措施，是中国经济制度走向成熟、规范的标志性工作之一。

我国经济处于高速增长时期，企业的整体效益近年来有较大提高，财政收入保持了较好的增长势头。借鉴国际税制改革经验，在这样的形势下进行企业所得税改革，国家财政和企业的承受能力都比较强，是改革的有利时机。

二、企业所得税改革的指导思想和原则

企业所得税改革的指导思想是：按照“简税制、宽税基、低税率、严征管”的税制改革原则，借鉴国际经验，建立各类企业统一适用的科学、规范的企业所得税制度，为各类企业创造公平的市场竞争环境。

按照上述指导思想，企业所得税改革和《企业所得税法》的立法遵循了以下原则：(1)贯彻公平税负原则，解决目前内资、外资企业税收待遇不同，税负差异较大的问题。(2)统筹经济社会和区域协调发展，促进环境保护和社会全面进步，实现国民经济的可持续发展。(3)发挥调控作用原则，按照国家产业政策要求，推动产业升级和技术进步，优化国民经济结构。(4)参照国际惯例原则，借鉴世界各国税制改革最新经验，进一步充实和完善企业所得税制度，尽可能体现税法的科学性、完备性和前瞻性。(5)理顺分配关系原则,兼顾财政承受能力和纳税人负担水平,有效地组织财政收入。(6)有利于征收管理原则,规范征管行为,方便纳税人,降低税收征纳成本。

三、《企业所得税法》的主要内容

根据上述指导思想和原则,参照国际通行做法,《企业所得税法》体现了“四个统一”:内资、外资企业适用统一的企业所得税法;统一并适当降低企业所得税税率;统一和规范税前扣除办法和标准;统一税收优惠政策,实行“产业优惠为主、区域优惠为辅”的新税收优惠体系。

(一)税率

内资企业和外资企业所得税税率均为33%。同时,对一些特殊区域的外资企业实行24%、15%的优惠税率,对内资微利企业实行27%、18%的二档照顾税率等,税率档次多,使不同类型企业名义税率和实际税负差距较大。因此,有必要统一内资、外资企业所得税税率。

《企业所得税法》将新的税率确定为25%。主要考虑是:对内资企业要减轻税负,对外资企业也尽可能少增加税负,同时要将财政减收控制在可以承受的范围内,还要考虑国际上尤其是周边国家(地区)的税率水平。《企业所得税法》规定的25%的税率,在国际上是适中的水平,有利于提高企业竞争力和吸引外商投资。

(二)税收优惠

为统一内资、外资企业所得税税负,结合各国税制改革的新形势,《企业所得税法》采取以下四种方式对现行税收优惠政策进行了整合:一是对符合条件的小型微利企业实行20%的优惠税率,对国家需要重点扶持的高新技术企业实行15%的优惠税率,扩大对创业投资企业的税收优惠,以及企业投资于环境保护、节能节水、安全生产等方面的税收优惠。二是保留对基础设施投资的税收优惠政策。三是取消了生产性外资企业定期减免税优惠政策以及产品主要出口的外资企业减半征税优惠政策等。四是《企业所得税法》规定了企业"从事符合条件的环境保护节能节水项目的所得"和企业"符合条件的技术转让所得"可以享受减免税优惠等方面的内容,以体现国家鼓励环境保护和技术进步的政策精神。

(三)纳税人和纳税义务

大多数国家对个人以外的组织或者实体课税,是以法人作为标准确定纳税人的,实行法人税制是企业所得税制改革的方向。因此,《企业所得税法》取消了内资税法中有关以"独立经济核算"为标准确定纳税人的规定。为避免重复征税,《企业所得税法》同时规定个人独资企业和合伙企业不适用本法。

按照国际上的通行做法,《企业所得税法》采用了规范的"居民企业"和"非居民企业"的概念,居民企业承担全面纳税义务,就其境内外全部所得纳税;非居民企业承担有限纳税义务,一般只就其来源于我国境内的所得纳税。在国际上,居民企业的判定标准有"登记注册地标准"、"实际管理机构地标准"和"总机构所在地标准"等,大多数国家都采用了多个标准相结合的办法。结合我国的实际情况,《企业所得税法》采用了"登记注册地标准"和"实际管理机构地标准”相结合的办法，对居民企业和非居民企业作了明确界定。

（四）应纳税所得额

应纳税所得额是计算企业所得税税额的依据。《企业所得税法》第5条规定，企业每一纳税年度的收入总额，减除不征税收入、免税收入、各项扣除以及允许弥补的以前年度亏损后的余额，为应纳税所得额。

1. 收入

《企业所得税法》将收入总额界定为“企业以货币形式和非货币形式从各种来源取得的收入”，同时，对“不征税收入”也作了明确规定，即财政拨款，依法收取并纳入财政管理的行政事业性收费、政府性基金等属于财政性资金的收入。《企业所得税法》还将国债利息收入，符合条件的居民企业之间的股息、红利等权益性投资收益等，规定为“免税收入”，明确了企业所得税的应税所得范围。

2. 扣除和资产的税务处理

由于内资、外资企业所得税在成本费用等扣除方面规定不尽一致，比如：内资企业所得税实行计税工资制度，外资企业所得税实行据实扣除制度。《企业所得税法》统一了企业实际发生的各项支出扣除政策，规定了公益性捐赠支出扣除的标准，明确了不得扣除的支出范围。同时，对企业实际发生的有关固定资产、无形资产、长期待摊费用、投资资产和存货等方面的支出扣除作了统一规范。

（五）征收管理

企业所得税的征收管理，应当依照《中华人民共和国税收征收管理法》（以下简称《税收征收管理法》）的规定执行。

但是,企业所得税的征收管理有一些特殊要求,如纳税地点、分支机构汇总纳税等。为了规范企业所得税的征管行为,方便纳税人,降低税收征纳成本,《企业所得税法》对此作了补充规定。

1. 纳税方式

内资企业以独立经济核算的单位为纳税人就地纳税,外资企业实行企业总机构汇总纳税。为统一纳税方式,方便纳税人,《企业所得税法》规定,对在中国境内设立不具有法人资格营业机构的居民企业,应当汇总计算、缴纳企业所得税。

2. 特别纳税调整

为了防范各种避税行为,《企业所得税法》借鉴国际惯例,对防止关联方转让定价作了明确规定,同时增加了一般反避税、防范资本弱化、反避税地避税等条款,强化了反避税手段,有利于防范和制止避税行为,维护国家利益。

中华人民共和国企业所得税法

（2007年3月16日第十届全国人民代表大会第五次会议通过　根据2017年2月24日第十二届全国人民代表大会常务委员会第二十六次会议《关于修改〈中华人民共和国企业所得税法〉的决定》第一次修正　根据2018年12月29日第十三届全国人民代表大会常务委员会第七次会议《关于修改〈中华人民共和国电力法〉等四部法律的决定》第二次修正）

第一章　总　　则

第一条　【纳税义务人】[①]在中华人民共和国境内，企业和其他取得收入的组织（以下统称企业）为企业所得税的纳税人，依照本法的规定缴纳企业所得税。

个人独资企业、合伙企业不适用本法。

条文注释[②]

企业所得税的纳税人，又称“纳税义务人”，是指税收法

①② 条文主旨、条文注释为编者所加，下同。——编者注

律、行政法规规定的负有纳税义务的企业单位。纳税人范围的界定，直接体现一个国家行使税收管辖权的程度，它是《企业所得税法》[①]的核心要素之一，大多数国家对个人以外的组织或者实体课税，是以法人作为标准确定纳税人的，实行法人税制是企业所得税制改革的基本方向。为此，本法第1条第1款就明确，“在中华人民共和国境内，企业和其他取得收入的组织（以下统称企业）为企业所得税的纳税人，依照本法的规定缴纳企业所得税”。

同时，根据《个人独资企业法》《合伙企业法》的规定，个人独资企业、合伙企业的股东承担无限责任，个人财产和企业财产无法明确区分，并且企业没有法人资格，为避免重复征税，本法规定了这类企业不缴纳企业所得税。为避免重复征税，《企业所得税法》第1条第2款规定：“个人独资企业、合伙企业不适用于本法。”

但需要注意的是，对于只有一个股东的有限责任公司，公司的股东承担有限责任，公司具有独立的法人资格，并且公司财产和股东个人财产要明确区分，应缴纳企业所得税。

关联法规

《企业所得税法实施条例》第2条

《税收征收管理法》第8条

第二条　【居民企业和非居民企业】企业分为居民企业和非居民企业。

本法所称居民企业，是指依法在中国境内成立，或者依照外国（地区）法律成立但实际管理机构在中国境内的企业。

① 为方便阅读，本书中的法律法规名称均使用简称。

本法所称非居民企业，是指依照外国（地区）法律成立且实际管理机构不在中国境内，但在中国境内设立机构、场所的，或者在中国境内未设立机构、场所，但有来源于中国境内所得的企业。

条文注释

按照国际上的通行做法，本法采用了规范的“居民企业”和“非居民企业”的概念。在国际上，居民企业的判定标准有“登记注册地标准”、“实际管理机构地标准”和“总机构所在地标准”等，大多数国家都采用了多个标准相结合的办法。结合我国的实际情况，本法采用了“登记注册地标准”和“实际管理机构地标准”相结合的办法，对居民企业和非居民企业作了明确界定。

实际管理机构，是指跨国企业实际有效的指挥、控制和管理中心。凡企业的实际管理机构设在本国的，即视为本国居民企业。实际管理机构所在地的认定，一般通过股东大会的场所、董事会的场所以及行使指挥监督权的场所等因素进行综合判断。

关联法规

《企业所得税法实施条例》第 3 ~5、131 条

《税收征收管理办法》第 15 ~18 条

第三条　【应税所得】居民企业应当就其来源于中国境内、境外的所得缴纳企业所得税。

非居民企业在中国境内设立机构、场所的，应当就其所设机构、场所取得的来源于中国境内的所得，以及发生

在中国境外但与其所设机构、场所有实际联系的所得，缴纳企业所得税。

非居民企业在中国境内未设立机构、场所的，或者虽设立机构、场所但取得的所得与其所设机构、场所没有实际联系的，应当就其来源于中国境内的所得缴纳企业所得税。

条文注释

按照国家主权原则，一个国家的税收管辖权，可以按照属地、属人两种不同的原则确立。属地原则确立的税收管辖权称作地域管辖权，也叫收入来源管辖权，是指一个国家有权对在本国发生的收入实行征税。属人原则确立的税收管辖权称作居民管辖权，是指一个国家有权对本国的居民或公民在世界各地取得的收入实行征税。我国按既属地又属人原则行使税收管辖权，居民企业承担全面纳税义务，就其境内外全部所得纳税；非居民企业承担有限纳税义务，一般只就其来源于我国境内的所得纳税。

关联法规

《企业所得税法实施条例》第6~8条

《非居民企业所得税核定征收管理办法》第2条

第四条 【税率】企业所得税的税率为25%。

非居民企业取得本法第三条第三款规定的所得，适用税率为20%。

条文注释

税率是税收的核心要素之一，是衡量和影响税负水平的决定性因素。企业所得税税率是应纳税额与应纳税所得额的比例，其税率的设计方式和水平对企业的投资行为具有直接的影响。

《企业所得税法》将新的企业所得税税率确定为25%，主要考虑的是：对内资企业要减轻税负，对外资企业也尽可能少增加税负，同时要将财政减收控制在可以承受的范围内，还要考虑国际上尤其是周边国家（地区）的税率水平。本法规定的25%的税率，在国际上是适中的水平，有利于提高企业竞争力和吸引外商投资。

非居民企业取得本法第3条第3款规定的所得，适用税率为20%，与《个人所得税法》中的利息、股息、红利所得，财产租赁所得，财产转让所得，偶然所得，适用税率相一致。

关联法规

《企业所得税核定征收办法（试行）》第4、5、13条

《非居民企业所得税核定征收管理办法》第4、5条

第二章　应纳税所得额

第五条　【应纳税所得额】企业每一纳税年度的收入总额，减除不征税收入、免税收入、各项扣除以及允许弥补的以前年度亏损后的余额，为应纳税所得额。

条文注释

应纳税所得额是计算企业所得税税额的计税依据。

根据《企业所得税法》第5条的规定，应纳税所得额的计算公式为：

应纳税所得额＝收入总额－不征税收入－免税收入－扣除额－允许弥补的以前年度亏损

关联法规

《企业所得税法实施条例》第9、10条

《企业所得税核定征收办法（试行）》第2、6、14条

《非居民企业所得税核定征收管理办法》

第六条　【收入总额】企业以货币形式和非货币形式从各种来源取得的收入，为收入总额。包括：

（一）销售货物收入；

（二）提供劳务收入；

（三）转让财产收入；

（四）股息、红利等权益性投资收益；

（五）利息收入；

（六）租金收入；

（七）特许权使用费收入；

（八）接受捐赠收入；

（九）其他收入。

条文注释

本条是关于收入总额各组成部分的总括性规定。本条明确将收入总额界定为“企业以货币形式和非货币形式从各种来源取得的收入”。以货币形式取得的收入，是指企业取得的现金以及将以固定或可确定金额的货币收取的收入，具体包括现金（库存现金、银行存款和其他货币资金）、应收账

款和应收票据以及准备持有至到期的债券投资等。以非货币形式取得的收入,是指企业取得的货币形式以外的收入,包括存货(原材料、包装物、低值易耗品、库存商品、委托加工物资、委托代销商品、分期收款发出商品等)、固定资产、无形资产、股权投资、不准备持有至到期的债券投资、劳务以及债务的豁免等。企业以非货币形式取得的收入,有别于货币性收入的固定性和确定性,通常按公平价格来确定收入额。公平价格,是指独立企业之间按公平交易原则和经营常规,自愿进行资产交换和债务清偿的金额。

本条中包含的收入概念,具体界定如下:

(1)销售货物收入,是指企业销售库存商品、产成品、半成品、原材料、包装物、低值易耗品以及其他货物取得的收入。

(2)提供劳务收入,是指企业从事建筑安装、交通运输、仓储、邮政、信息传输、计算机服务、住宿、餐饮、金融、商务服务、科学研究、技术服务、地质勘查、水利管理、环境管理、公共设施管理、居民服务、教育、卫生、社会保障、社会福利、文化、体育、娱乐和其他劳务服务活动取得的收入。

(3)转让财产收入,是指企业转让固定资产、无形资产、股权、股票、债券、债权等所取得的收入。

(4)股息、红利等权益性投资收益,是指企业凭借权益性投资从被投资方处取得的分配收入,包括股息、红利、联营分利等。

(5)利息收入,是指企业将资金提供他人使用或他人占用本企业资金所取得的利息收入,包括存款利息、贷款利息、债券利息、欠款利息等收入。

(6)租金收入,是指企业提供固定资产、包装物和其他资产的使用权取得的收入。

(7)特许权使用费收入,是指企业提供专利权、非专利技术、商标权、著作权以及其他特许权的使用权而取得的收入。

(8)接受捐赠收入,是指企业接受捐赠的货币和非货币资产。

(9)其他收入,包括企业资产盘盈或溢余收入、罚款收入、逾期未返还的包装物押金、因债权人原因确实无法支付的应付款项、债务重组收入、非货币性资产交换实现的收入、政府补助(财政拨款、税收返还等)、视同销售的收入、依法收取并纳入财政管理的行政事业性收费和政府性基金、已作坏账损失处理后又收回的应收账款,以及国务院规定的其他收入。

关联法规

《企业所得税法实施条例》第12~22条

第七条　【不征税收入】收入总额中的下列收入为不征税收入:

(一)财政拨款;

(二)依法收取并纳入财政管理的行政事业性收费、政府性基金;

(三)国务院规定的其他不征税收入。

条文注释

不征税收入,是指从性质和根源上不属于企业营利性活动带来的经济利益、不负有纳税义务并不作为应纳税所得额组成部分的收入。

本条中涉及的不征税收入项目具体界定为：

1. 财政拨款

财政拨款，是指财政部门根据法律法规等有关规定，经过预算程序对国家机关以及事业单位、社会团体、企业直接拨付的经费。企业实际收到的财政拨款中的财政补贴和税收返还等，按照现行会计准则的规定，属于政府补助的范畴，计入企业的“营业外收入”科目，除企业取得的所得税返还（退税）和出口退税的增值税进项外，一般作为应税收入征收企业所得税。

2. 依法收取并纳入财政管理的行政事业性收费和政府性基金

根据《行政事业性收费标准管理办法》第3条的规定，行政事业性收费，是指国家机关、事业单位、代行政府职能的社会团体及其他组织根据法律法规等有关规定，依照国务院规定程序批准，在实施社会公共管理，以及在向公民、法人提供特定公共服务过程中，向特定对象收取的费用。

根据《财政部关于加强政府性基金管理问题的通知》的规定，政府性基金，是指各级人民政府及其所属部门根据法律、国家行政法规和中共中央、国务院有关文件的规定，为支持某项事业发展，按照国家规定程序批准，向公民、法人和其他组织征收的具有专项用途的资金。包括各种基金、资金、附加以及专项收费等。

本法规定依法收取并纳入财政管理的行政事业性收费和政府性基金为不征税收入，主要基于以下考虑：一是收取行政事业性收费和政府性基金的组织或机构一般是承担行政性职能或从事公共事务的，不以营利为目的，一般不作为应税收入的主体；二是行政事业性收费和政府性基金一般通过财政的“收支两条线”管理，封闭运行，对其征税没有实际意义。

3. 其他不征税收入

设置“其他不征税收入”这一兜底条款，主要是为了适应社会发展的需要，承担公共管理职能的非营利性组织可能会取得一些新的不征税收入。其他不征税收入的界定权属于国务院。

关联法规

《企业所得税法实施条例》第26条

《行政事业性收费标准管理办法》第3条

第八条 【经营支出扣除项目】企业实际发生的与取得收入有关的、合理的支出，包括成本、费用、税金、损失和其他支出，准予在计算应纳税所得额时扣除。

条文注释

本条规定了企业所得税税前扣除的基本条件，同时明确了税前扣除的主要内容。企业所得税的核心之一是如何确定应纳税所得额。从企业所得税的原理来看，应纳税所得额为应税收入总额减去税前准予扣除项目后的余额。税前准予扣除的项目是计算应纳税所得额的重要组成部分。根据本条的规定，税前准予扣除的项目一般是指纳税人取得的与应税收入有关的成本、费用、税金、损失和其他支出。

1. 税前扣除的基本条件

真实、合法和合理是纳税人经营活动中发生的支出可以税前扣除的主要条件和基本原则。

真实性是税前扣除的首要条件。真实性，是指除税法规定的加计费用等扣除外，任何支出除非确属已经真实发生，否则不得在税前扣除。对于任何不是实际发生的支出，没有继续判断其合法性和合理性的必要。在判断纳税人申报扣除的支出的真实性时，纳税人必须提供证明支出确属实际发生的“足够”的“适当”凭据。“足够”和“适当”要根据实际情况来判定。根据《会计法》和《发票管理办法》的规定，必须提供发票的，发票就是适当的凭据；可以自制凭证的，如工资费用分配表、折旧费用分配表等，自制凭证就是适当凭据；境外购货的，如果没有境外发票，进口报关单就是适当凭据。足够与否更加依赖税务人员的职业判断能力，纳税人的诚信度高低也是一个很重要因素。工资费用分配表加上雇员的名册、劳动合同及领取工资的签单等在一般情况下就足够证明工资费用的真实性，但如果纳税人有多次偷税记录，税务机关可能还会实际抽查一定数量的雇员核实是否确有其人。除非税法有特定要求，纳税人在申报扣除费用时，不需要同时提供证明真实性的资料，但是，只要税法有要求，或者主管税务机关提出要求，纳税人必须提供证明真实性的足够的适当凭据。

合法性，是指无论支出是否实际发生或合理与否，如果是非法支出，不符合税法的有关规定，即使财务会计法规或制度规定可作为费用支出，也不得在计算应纳税所得额时扣除。合法性是显而易见的，也就是非法支出不允许在税前扣除。

合理性，是指可在税前扣除的支出是正常和必要的，计算和分配的方法应该符合一般的经营常规和会计管理。税前扣除的支出在真实、合法的基础上必须符合合理性的要求。如果支出的发生既是为了经营目的,又是为了投资者个人目的;既与经营活动有关,又与非经营活动有关,就必须进行合理分配。合理性的具体判断,主要是看发生的支出的计算和分配方法是否符合一般经营常规和会计惯例。一般经营常规要求各项支出的确认符合通常情况下的经营规律,如企业发生的业务招待费与所成交的业务额或业务的利润水平是否相吻合;会计惯例要求各项支出的确认要符合会计核算的基本要求,如间接成本的合理分配问题,这很容易造成企业在不同纳税期间或不同产品、应税项目和非立税项目之间调节利润,规避税收。因此,成本分配和结转的方法必须符合会计实务中的习惯做法,反映费用分配的合理基础。

2. 税前扣除的主要内容

本条规定,企业实际发生的与经营活动有关的、合理的支出,包括成本、费用、税金、损失和其他支出,可以在计算应纳税所得额时扣除。

本条所称的成本,是指纳税申报期间已经申报确认的销售商品(包括产品、材料、下脚料、废料和废旧物资等),提供劳务,转让、处置固定资产和无形资产的成本。企业对象化的费用,有的成为产品、产成品等存货,只有销售出去,并在申报纳税期间确认了销售(营业)收入的相关部分商品的成本才能申报扣除。

由于税法和财务会计制度的目的不同,会计收入分类侧重于经济收入的稳定性和经常性,而税法收入分类的基础是税收政策待遇的异同。因此,税法中成本归集的内容不仅包括企业的主营业务成本(销售商品、提供劳务、提供他人使用本企业的无形资产)，还包括其他业务成本(销售材料、转让技术等)和营业外支出(固定资产清理费用等)。

本条所称的费用，特指企业申报纳税期间的销售费用、管理费用和财务费用等期间费用。因此，企业发生的期间费用，只要符合税前扣除基本条件和一般原则规定的与取得应税收入有关的支出，凡没有计入成本，没有资本化的支出，以及税法没有禁止和限制的，都应计入期间费用在税前扣除。需要注意的是，不能在成本和期间费用之间重复扣除。

本条所称的税金，一般是指纳税人缴纳的消费税、营业税、资源税和城市维护建设税、教育费附加等产品销售税金及附加，以及发生的房产税、车船使用税、土地使用税、印花税等，但不包括由消费者在价外负担的增值税。企业发生的税金是企业为取得经营收入实际发生的必要的、正常的支出，与企业发生的成本、费用性质相同，是企业取得经营收入实际发生的经济负担，符合税前扣除的基本原则，因此，将税金和成本、费用并列为支出。

本条所称的损失，一般是指企业发生的与经营活动有关的资产损失。企业的各项财产损失，按财产的性质分为货币资金损失、坏账损失、存货损失、投资转让或清算损失、固定资产损失、在建工程和工程物资损失、无形资产损失和其他资产损失；按申报扣除程序分为自行申报扣除财产损失和经审批扣除财产损失；按损失原因分为正常损失(包括正常转让、报废、清理等)、非正常损失(包括因战争、自然灾害等不可抗力造成损失，因人为管理责任而毁损、被盗造成损失，因政策因素造成损失等)、发生改组等评估损失和永久实质性损害。

本条所称的其他支出，是指企业实际发生的与经营活动有关的、合理的除成本、费用、税金、损失之外的支出。

关联法规

《企业所得税法实施条例》第27～50条

《企业所得税税前扣除凭证管理办法》

第九条　【捐赠支出税前扣除】企业发生的公益性捐赠支出，在年度利润总额12%以内的部分，准予在计算应纳税所得额时扣除；超过年度利润总额12%的部分，准予结转以后三年内在计算应纳税所得额时扣除。

条文注释

本条是关于计算应纳税所得额时公益性捐赠支出税前扣除的规定。

本条所称公益性捐赠支出应同时具备以下条件：(1)该笔支出是企业通过国家机关和经认定的公益性社会团体进行捐赠。(2)公益性捐赠支出必须用于下列公益事业的捐赠：救助灾害、救济贫困、扶助残疾人等困难的社会群体和个人的活动；教育、科学、文化、卫生、体育事业；环境保护、社会公共设施建设。

界定公益性捐赠支出的关键是明确国家机关和公益性社会团体：国家机关是依法成立的具有行政管理职能的行政机关。公益性社会团体一般是从事非营利活动的经民政部门批准成立的非营利性的机构或组织。符合税法优惠条件的公益性社会团体主要由财政、税收和民政部门负责认定。

财富分配大致经历了三个阶段，第一次分配是符合市场规律、追求经济效益；第二次分配是通过法律、追求公平；第三次分配则是承担社会责任，而“慈善事业机制”就被称为“第三次分配”机制。本法将捐赠支出准予扣除法定标准提高到12%，能更好地推动社会公益事业的发展。

关联法规

《企业所得税法实施条例》第51～53条

第十条 【不得扣除项目】在计算应纳税所得额时，下列支出不得扣除：

（一）向投资者支付的股息、红利等权益性投资收益款项；

（二）企业所得税税款；

（三）税收滞纳金；

（四）罚金、罚款和被没收财物的损失；

（五）本法第九条规定以外的捐赠支出；

（六）赞助支出；

（七）未经核定的准备金支出；

（八）与取得收入无关的其他支出。

条文注释

本条是关于计算应纳税所得额时不得税前扣除项目的规定。

本条规定的不得扣除的项目主要界定如下：

（1）向投资者支付的股息、红利等权益性投资收益款项。向投资者支付的权益性投资收益款项主要体现为股息、红利等权益性投资所得，由于股息、红利是对被投资者税后利润的分配，本质上不是企业取得经营收入的正常费用支出，因此，不允许在税前扣除。各国的企业所得税法对向投资者支付的权益性投资收益款项均不允许在税前扣除，本条规定也遵循了国际惯例。

(2)企业所得税税款。企业所得税税款依据应税收入减去扣除项目的余额计算得到，其本质上是企业利润分配的支出，是国家参与企业经营成果分配的一种形式，而非为取得经营收入实际发生的费用支出，不能作为企业的成本、费用在税前扣除。同时，企业所得税税款如果作为企业扣除项目，会出现计算企业所得税税款时循环倒算的问题。

(3)税收滞纳金。税收滞纳金是税务机关对未按规定期限缴纳税款的纳税人按比例附加征收的款项。纳税人未按照法律、行政法规规定或税务机关未依照法律、行政法规的规定确定的缴纳期限缴纳税款的，都属于税款的滞纳。征收税收滞纳金主要目的是督促纳税人按期缴纳税款，减少欠税，保证税款及时入库。所以，不允许税收滞纳金在税前扣除。

(4)罚金、罚款和被没收财物的损失。真实、合法和合理是纳税人经营活动中发生的费用支出可以税前扣除的基本原则。不管费用是否实际发生，或合理与否，如果是非法支出，即使按财务会计法规或制度可以作为费用，也不能在税前扣除。罚金、罚款和被没收财物的损失，本质上都是违反国家法律、行政法规或其他行政性规定所造成的损失，不属于正常的经营性支出。如果允许企业将罚金、罚款和被没收财物的损失作为费用和损失在税前列支，等于在税收上承认其违法经营，并用国家应收的税款弥补其罚没的损失。因此，罚金、罚款和被没收财物的损失不允许在税前扣除。

(5)本法第9条规定以外的捐赠支出。公益性捐赠以外的捐赠支出不得扣除,主要原因有二:一是捐赠支出本身并不是与取得经营收入有关的正常、必要的支出,不符合税前扣除的基本原则,原则上不允许在税前扣除;二是如果允许公益性捐赠以外的捐赠支出在税前扣除,纳税人往往会以捐赠支出名义开支不合理、甚至非法的支出,容易出现纳税人滥用国家税法的情形,导致税收流失,不利于加强对公益性捐赠以外的捐赠支出的税收管理。

(6)赞助支出。根据《企业所得税法实施条例》第54条的规定,《企业所得税法》第10条第6项所称的赞助支出,是指企业发生的与生产经营活动无关的各种非广告性质支出。根据本条规定,这类赞助支出不得在税前扣除。但企业发生的用于产品或形象宣传,具有广告性质的赞助支出是允许在税前扣除的。

(7)未经核定的准备金支出。本法一般不允许企业提取各种形式的准备金,主要考虑以下因素:其一,企业所得税税前允许扣除的项目,原则上必须遵循据实扣除原则,只有企业实际发生的损失,允许在税前扣除;反之,企业非实际发生的损失,一般不允许扣除。而企业各项资产减值准备金的提取,是由会计人员根据会计制度和自身职业判断进行的,不同的企业提取的比例不同,允许企业准备金扣除可能成为企业会计人员据以操纵的工具,而税务人员从企业外部很难判断企业会计人员据以提取准备金的依据充分合理与否。其二,由于市场复杂多变,各行业因市场风险不同,税法上难以对各种准备金规定一个合理的提取比例,如果规定统一比例,会导致税负不公。其三,企业提取的各种准备金实际上是为了减少市场经营风险，但这种风险应由企业自己承担，不应转嫁到国家身上。因此，企业提取的资产跌价准备金或减值准备金，尽管在提取年度不允许税前扣除，但企业资产损失实际发生时，在实际发生年度允许扣除，体现了企业所得税据实扣除原则和确定性原则。其四，当前，不允许各种准备金税前扣除是各国所得税法的一般做法，但由于人寿保险、财产保险、风险投资和其他具有特殊风险的金融工具风险大，各国所得税法允许从事上述金融活动的企业提取一定比例准备金在税前扣除，因此，本法规定，未经核定的准备金不得在税前扣除。

（8）与取得收入无关的其他支出。企业一些支出项目受到政策的限制，且无法一一列举，总体上看，企业发生的与取得收入无关的其他支出，都不允许在税前扣除。

关联法规

《企业所得税法实施条例》第54、55条

《财政部、税务总局关于通过公益性群众团体的公益性捐赠税前扣除有关事项的公告》

《财政部、税务总局关于金融企业贷款损失准备金企业所得税税前扣除有关政策的公告》

《财政部、税务总局关于广告费和业务宣传费支出税前扣除有关事项的公告》

第十一条　【固定资产折旧】在计算应纳税所得额时，企业按照规定计算的固定资产折旧，准予扣除。

下列固定资产不得计算折旧扣除：

（一）房屋、建筑物以外未投入使用的固定资产；

（二）以经营租赁方式租入的固定资产；
（三）以融资租赁方式租出的固定资产；
（四）已足额提取折旧仍继续使用的固定资产；
（五）与经营活动无关的固定资产；
（六）单独估价作为固定资产入账的土地；
（七）其他不得计算折旧扣除的固定资产。

条文注释

本条是关于准予税前扣除的固定资产折旧的原则性规定，并列举了在计算应纳税所得额时不得计提折旧的固定资产项目。固定资产，是指为生产商品、提供劳务、出租或经营管理而持有的，使用寿命超过一个会计年度的有形资产。折旧，是指在固定资产使用寿命内，按照确定的方法对应计提折旧额进行系统分摊。

本条明确了在计算应纳税所得额时不得计提折旧的固定资产项目，具体包括以下内容：

(1) 房屋、建筑物以外未投入使用的固定资产。房屋、建筑物以外未投入使用的固定资产所发生的折旧费用与纳税人取得的经营收入无关。依据企业所得税税前扣除的相关性原则，税收扣除费用必须从性质与根源上与纳税人取得的应税收入直接相关，因此，这种固定资产在税法上不允许计提折旧。

(2) 以经营租赁方式租入的固定资产。该种资产的所有权不属于企业所有，因而税法上不允许其计提折旧。

(3) 以融资租赁方式租出的固定资产。对融资租赁来说，出租方实质上已将与该项资产所有权有关的全部风险和报酬转移给承租方,只保留了一种为了控制承租人偿还租金风险的形式所有权,因而以融资租赁方式租出的固定资产折旧应由承租方提取。

(4)已足额提取折旧仍继续使用的固定资产。对于已经足额提取折旧,但仍继续使用的固定资产,由于其价值已经得到补偿,因此不得重复补偿价值,所以不再提取折旧。

(5)与经营活动无关的固定资产。根据企业所得税税前扣除相关性原则,凡与企业生产经营无关的成本、费用不得扣除。因此,与经营活动无关的固定资产不得提取折旧。

(6)单独估价作为固定资产入账的土地。对单独估价作为固定资产入账的土地作出不得提取折旧的规定,是因为根据《土地管理法》的规定,我国的土地归国家或集体所有。因此,对企业而言,企业不拥有土地的所有权,不符合固定资产的定义,一般不得计入固定资产。而企业取得的土地的使用权,应当将土地使用权按照无形资产入账。

(7)其他不得计算折旧的固定资产。这是指除上述各项不得提取折旧的固定资产外的其他固定资产,如出租给职工个人且租金收入未计入企业收入总额而纳入住房周转金的住房等。

关联法规

《企业所得税法实施条例》第57~61条

《财政部、国家税务总局关于进一步完善固定资产加速折旧企业所得税政策的通知》

《国家税务总局关于进一步完善固定资产加速折旧企业所得税政策有关问题的公告》

第十二条　【无形资产摊销】在计算应纳税所得额时，企业按照规定计算的无形资产摊销费用，准予扣除。

下列无形资产不得计算摊销费用扣除：

（一）自行开发的支出已在计算应纳税所得额时扣除的无形资产；

（二）自创商誉；

（三）与经营活动无关的无形资产；

（四）其他不得计算摊销费用扣除的无形资产。

条文注释

本条是关于准予税前扣除的无形资产摊销费用的原则性规定，并列举了在计算应纳税所得额时不得计算摊销费用扣除的无形资产项目。

无形资产，是指企业拥有或者控制的没有实物形态的可辨认非货币性资产。资产满足下列条件之一的，符合无形资产定义中的可辨认性标准：(1)能够从企业中分离或者划分出来，并能单独或者与相关合同、资产或负债一起，用于出售、转移、授予许可、租赁或者交换。(2)源自合同性权利或其他法定权利，无论这些权利是否可以从企业或其他权利和义务中转移或者分离。无形资产包括专利权、非专利技术、商标权、著作权、土地使用权、特许权、商誉等。

不得计算摊销费用扣除的无形资产项目具体如下：

(1)企业自行开发的支出已在计算纳税所得额时扣除的无形资产。由于本法第30条规定了企业为开发新技术、新产品、新工艺发生的研究开发费用，可以实行加计扣除，即按照研发支出的实际发生数额，加成一定比例，作为计算应纳税所得额时的扣除项目，所以，对于企业自行研发形成的无形资产所提取的摊销额，不允许在税前扣除，需要在企业计算缴税时作纳税调增处理，否则容易造成双重扣除。

(2)自创商誉。自创商誉不得计算摊销费用扣除，主要是因为以下三点：其一，商誉在资产评估时不能准确确定并分摊到可识别资产上，将其作为资产并摊销不尽合理。其二，商誉的价值很不确定，不能单独存在和变现，形成商誉的因素企业难以控制。其三，商誉的价值并没有损耗，即使确认为无形资产也不应该摊销。事实上，世界上多数国家税法都不允许商誉摊销。

(3)与经营活动无关的无形资产。根据企业所得税税前扣除的相关性原则，企业税前扣除的成本、费用等项目必须从根源与性质上与取得的应税收入直接相关，因此，对于与经营活动无关的无形资产，税法不允许其计算摊销费用在税前扣除。

(4)其他不得计算摊销费用扣除的无形资产。这是指除上述不得计算摊销额的无形资产外的其他无形资产。

关联法规

《企业所得税法实施条例》第 65 ~ 67 条

第十三条 【长期待摊费用】在计算应纳税所得额时，企业发生的下列支出作为长期待摊费用，按照规定摊销的，准予扣除：

(一)已足额提取折旧的固定资产的改建支出；

(二)租入固定资产的改建支出；

(三)固定资产的大修理支出；

(四)其他应当作为长期待摊费用的支出。

条文注释

长期待摊费用，是指企业已经支出，但摊销期限在1年以上(不含1年)的各项费用，包括固定资产的大修理支出、租入固定资产的改建支出等。长期待摊费用应当单独核算，在费用项目的受益期限内分期平均摊销。

本条规定的作为长期待摊费用的支出，具体如下：

(1)已足额提取折旧的固定资产的改建支出。对于已足额提取折旧的固定资产来说，账面净值仅剩了净残值，也就是说，该项固定资产的可利用价值已全部转移。这以后发生的固定改建支出，即使符合固定资产改建支出条件，也不能将其计入固定资产的成本，因为此时固定资产的价值形式已经消失，后续支出已失去了可以附着的载体。所以，应将其作为长期待摊费用，在固定资产尚可预计的受益期限内平均摊销。

(2)租入固定资产的改建支出。租入固定资产，按租赁方式的不同，可分为以经营租赁方式租入固定资产和以融资租赁方式租入固定资产。其一，对于以经营租赁方式租入的固定资产，与该资产相关的风险和报酬并没有转移给承租方，因而资产的所有权仍属于出租方，承租方只在合同规定的期限内拥有对该资产的使用权。因而对以经营租赁方式租入的固定资产发生的符合税法规定的改建支出，不能计入固定资产成本，只能计入长期待摊费用，在合同约定的租赁期内平均摊销。其二，对于以融资租赁方式租入的固定资产，由于出租方实质上已将与该项资产所有权有关的全部风险和报酬转移给承租方，而只保留了为了控制承租人偿还租金的风险的形式所有权，因而承租方实质上拥有了该资产的所有权,而不仅仅是租赁期限内的使用权,因而对以融资租赁方式租入的固定资产发生的符合税法规定的改建支出,应该计入以融资租赁方式租入固定资产的成本,在该资产的剩余使用年限内,以计提折旧的方式税前扣除。

(3)固定资产的大修理支出。对于符合固定资产改扩建确认条件的大修理支出,应当计入固定资产成本,在该固定资产的剩余使用年限内,以计提折旧的方式税前扣除。对于不符合固定资产改扩建确认条件的大修理支出,应当将发生的大修理费用计入长期待摊费用,并在下一次大修理前的期限内平均摊销。

(4)其他应当作为长期待摊费用的支出。这主要包括企业的开办费支出等,由于企业发生的开办费支出,与企业的整个生产经营都密切相关,因而应在企业的存续期内,自支出发生月份的次月起,分期摊销,摊销年限不得低于3年。

关联法规

《企业所得税法实施条例》第56、68~70条

第十四条 【企业对外投资】企业对外投资期间,投资资产的成本在计算应纳税所得额时不得扣除。

条文注释

纳税人发生的费用支出必须严格区分经营性支出和资本性支出。资本性支出不得在发生当期直接扣除,必须按照税收法规的规定分期折旧、摊销或计入有关投资的成本。资本性支出,是指纳税人购置、建造固定资产,以及对外投资的支出。这里的对外投资的支出,包括纳税人以货币资金、实物、无形资产等形式向其他单位投资,包括购买股票等长期

投资和短期投资。企业的对外投资，特别是长期投资，一般具有数额大、长期受益的特点，其支出的效益体现于几个会计年度（或几个营业周期），按照企业应纳税所得额计算的收入支出配比原则，其应作为资本性支出，而不得作为当期费用一次性扣除。

关联法规

《企业所得税法实施条例》第71条

第十五条 【存货成本税前扣除】企业使用或者销售存货，按照规定计算的存货成本，准予在计算应纳税所得额时扣除。

条文注释

存货，是指企业在日常活动中持有的以备出售的产成品或商品、处在生产过程中的产品、在生产过程中或提供劳务过程中耗用的材料和物料等。

存货应当按照成本进行初始计量。存货成本包括采购成本、加工成本和其他成本。

关联法规

《企业所得税法实施条例》第72、73条

第十六条 【转让资产净值税前扣除】企业转让资产，该项资产的净值，准予在计算应纳税所得额时扣除。

条文注释

企业在持有资产期间，会依靠对资产的经营和使用，取得相应的经营所得和投资收益，同时其合理的折旧或摊销（投资资产除外）也允许在税前扣除。在企业不准备继续持有资产时,即在转让或处置资产环节,也会取得相应的收益。按照成本收入配比原则,也应该扣减相应的成本和费用,最后实现的所得或亏损,称为资本利得或资本利亏。本条规定,即是对资本利得或利亏计算规则的说明,根据企业所得税税前扣除的相关性原则和配比原则,企业转让资产时,该项资产的净值,可以在计算应纳税所得额时扣除。企业转让资产的净值,是指有关资产的计税基础减除已经按照规定扣除的折旧、折耗、摊销、准备金后的余额。

关联法规

《企业所得税法实施条例》第74、75条

第十七条 【境外营业机构亏损不得抵减】企业在汇总计算缴纳企业所得税时,其境外营业机构的亏损不得抵减境内营业机构的盈利。

条文注释

本条规定是为了避免企业境外营业机构的亏损转嫁到境内,减少本国的税收。

需要注意的是,虽然企业境外营业机构的亏损不能抵减境内营业机构的盈利,但是企业发生在境外同一个国家内的亏盈还是允许相互弥补的。这也体现了我国在处理跨国所得税事务时所坚持的"来源地优先"原则,即发生在一国的亏损,应该用发生在该国的盈利进行弥补。

第十八条 【亏损弥补】企业纳税年度发生的亏损,准予向以后年度结转,用以后年度的所得弥补,但结转年限最长不得超过五年。

条文注释

本法规定企业发生的年度亏损予以向后年度结转是本法对纳税人的一种照顾办法，这主要是基于纳税主体的持续经营假设。因为纳税人除法律规定应当终止外，其生产、经营活动是规定经营期限内的一个循环过程，它的收入、成本、费用及利润也应当按此经营期限来确定，这样才能全面、真实地反映纳税人全部经营期内的最终经营成果和财务状况。但为了保障税收收入的及时入库，法律规定，纳税人必须以一个公历年度作为纳税年度，因此，企业的经营核算也被人为地划分为一年一段，企业某纳税年度内的收入、成本、费用及利润的核算也是不完全的。所以，本法规定了企业当年发生的亏损可以用以后年度的所得来弥补。

本法之所以规定亏损向后结转的年限为5年，一方面有利于从税收的角度督促企业改善经营管理，尽快扭亏增盈，另一方面也有利于防止企业通过虚报虚增亏损并无限期结转以侵蚀国家税收利益。

关联法规

《国家税务总局关于延长高新技术企业和科技型中小企业亏损结转弥补年限有关企业所得税处理问题的公告》

第十九条　【非居民企业应纳税所得额】非居民企业取得本法第三条第三款规定的所得，按照下列方法计算其应纳税所得额：

（一）股息、红利等权益性投资收益和利息、租金、特许权使用费所得，以收入全额为应纳税所得额；

（二）转让财产所得，以收入全额减除财产净值后的余额为应纳税所得额；

（三）其他所得，参照前两项规定的方法计算应纳税所得额。

条文注释

本条是对在中国境内未设立机构、场所，或者虽设立机构、场所但取得的所得与其所设机构、场所没有实际联系的非居民企业，其来源于中国境内的所得，如何计算应纳税所得额的规定。为了行使收入来源地的税收管辖权，就必须对非居民企业来源于中国境内的所得如何计算应纳税所得额进行明确规定，以利于预提所得税的计算与征收。

对于本条规定，应作如下理解：

(1)对于在中国境内未设立机构、场所的，或者虽设立机构、场所但取得的所得与其机构、场所没有实际联系的非居民企业，其来自中国境内的股息、红利等权益性投资收益和利息、租金、特许权使用费所得，按照属地管辖的原则，我国应该对其征收企业所得税，以维护我国的税收利益。但由于非居民企业在中国境内没有设立机构、场所或者上述所得与其所设立的机构、场所没有实际联系，从税收源泉控制的角度出发，本法将上述所得按照收入全额征收预提所得税的办法进行处理。

(2)在中国境内未设立机构、场所的非居民企业取得的转让财产所得，或者设立机构、场所的非居民企业取得的与机构、场所没有实际联系的财产转让所得，以收入全额减除财产净值后的余额为应纳税所得额。对于非居民企业取得的这类所得，税务机关无法准确计算与其相关的费用，因此与转让财产所得相关的费用应当由该非居民企业在中国境外的机构进行计算扣除，本法在对其征收预提所得税时并不扣除转让费用。但考虑到构成转让成本的转让财产净值较易于识别和可控，因此，本法允许以财产转让收入全额减除财产净值后的余额为应纳税所得额。

（3）除上述两类所得外，其他所得，参照前两种方法计算应纳税所得额。比如，非居民企业还可能因向中国境内的企业或个人提供咨询而从中国境内取得咨询费收入，因向中国境内企业或个人提供境外保险而从中国境内取得保险费收入等，对这些收入按收入全额征收预提所得税，也是国际上的通行做法。

此外，非居民企业计算股息、红利等权益性投资收益和利息、租金、特许权使用费所得、转让财产所得、其他所得应纳税所得额的计算方法与《个人所得税法》第 6 条的对应规定基本相似，体现了我国《个人所得税法》和《企业所得税法》的协调。

关联法规

《企业所得税法实施条例》第 103 条

《非居民企业所得税核定征收管理办法》

第二十条　【具体办法的制定】本章规定的收入、扣除的具体范围、标准和资产的税务处理的具体办法，由国务院财政、税务主管部门规定。

第二十一条　【一般纳税调整】在计算应纳税所得额时，企业财务、会计处理办法与税收法律、行政法规的规定不一致的，应当依照税收法律、行政法规的规定计算。

条文注释

一般纳税调整又称“税收规定优先”，是指按照税法的规定，在计算应纳税所得额时，如果企业财务、会计处理办法同税收法律、行政法规的规定不一致，应当依照税收法律、行政法规的规定计算纳税所作的税务调整，并据此重新调整计算。如国债利息收入，会计上作为收益处理，而按照税法规定作为免税收入，在计算缴纳企业所得税时需作纳税调整。

关联法规

《税收征收管理法》

第三章　应纳税额

第二十二条　【应纳税额】企业的应纳税所得额乘以适用税率，减除依照本法关于税收优惠的规定减免和抵免的税额后的余额，为应纳税额。

条文注释

将企业的应纳税所得额乘以适用税率得出的金额，并非企业的应纳税额，还应减去企业享受的可以减免和抵免税额的优惠数额。减免税额，是指本法在“税收优惠”一章中规定的，企业享受的直接减免税额。抵免税额，是指本法在“税收优惠”一章中规定的投资抵免优惠，即企业购置用于环境保护、节能节水、安全生产等专用设备的投资额，可以按一定比例实行税额抵免。本条规定的抵免，不包括本法第23条中规定的已在境外缴纳的税额的抵免。

需要注意的是，本法规定的税收优惠的方式有很多种，包括直接的减免税额、加计扣除、减计收入、税率优惠、抵扣应纳税所得额以及投资抵免等，在应纳税额计算公式中反映的是直接的减免税额和投资抵免，而加计扣除、减计收入和抵扣应纳税所得额等优惠方式，都只是涉及应纳税所得额的计算，在计算应纳税所得额时就已考虑。当计算出企业可以减免或者抵免的税额后，它与企业应纳税所得额乘以适用税率后得出的数字之差，如果不存在本法第23、24条规定的国际税收抵免情形，该数额就是企业最终实际应该缴纳的所得税税额。

应纳税额的计算公式：

应纳税额＝应纳税所得额×适用税率－减免税额－抵免税额

公式中的减免税额和抵免税额，是指依照企业所得税法和国务院的税收优惠规定减征、免征和抵免的应纳税额。

关联法规

《企业所得税法》第10、23、24条

《企业所得税法实施条例》第76条

第二十三条 【国际税收抵免】企业取得的下列所得已在境外缴纳的所得税税额，可以从其当期应纳税额中抵免，抵免限额为该项所得依照本法规定计算的应纳税额；超过抵免限额的部分，可以在以后五个年度内，用每年度抵免限额抵免当年应抵税额后的余额进行抵补：

（一）居民企业来源于中国境外的应税所得；

（二）非居民企业在中国境内设立机构、场所，取得发生在中国境外但与该机构、场所有实际联系的应税所得。

条文注释

国际税收抵免，是指居住国政府对其居民企业来自国内外的所得一律汇总征税，但允许抵扣该居民企业在国外已纳的税额，以避免国际重复征税。

抵免限额，是指国际税收抵免的最高限额，其计算方式为：(1)居民企业来源于中国境外的应税所得，乘以本法规定的适用税率，所得出的数额即为可抵免的最高限额。(2)非居民企业在中国境内设立机构、场所，取得发生在中国境外但与该机构、场所有实际联系的应税所得，乘以本法规定的适用税率，所得出的数额即为可抵免的最高限额。税收抵免的方式，是从该企业当期应纳税额中抵免，超过抵免限额的部分，可以在以后5个年度内，用每年度抵免限额抵免当年应抵税额后的余额进行抵补。

关联法规

《企业所得税法实施条例》第77～79、81条

《财政部、税务总局关于完善企业境外所得税收抵免政策问题的通知》

《财政部、国家税务总局关于高新技术企业境外所得适用税率及税收抵免问题的通知》

第二十四条　【境外权益性投资收益抵免】居民企业从其直接或者间接控制的外国企业分得的来源于中国境外的股息、红利等权益性投资收益，外国企业在境外实际缴纳的所得税税额中属于该项所得负担的部分，可以作为该居民企业的可抵免境外所得税税额，在本法第二十三条规定的抵免限额内抵免。

条文注释

股息、红利等权益性投资收益是被投资企业的税后利润分配，如果再全额并入其获得者的应税收入中征收企业所得税，则会出现对同一经济来源所得的重复征税。特别是经过的投资层次越多，融资结构越复杂，重复征税的程度越严重。因此，消除公司间股息、红利等权益性投资收益的经济性重复征税是防止税收政策扭曲投资方式和融资结构，保持税收中性的必然要求，也是各国的普遍做法。

关联法规

《企业所得税法实施条例》第80、81条

第四章　税收优惠

第二十五条　【产业政策引导】国家对重点扶持和鼓励发展的产业和项目，给予企业所得税优惠。

条文注释

税收优惠，是指国家运用税收政策在税收法律、行政法规中规定对某一部分特定纳税人和课税对象给予减轻或免除税收负担的一种措施。本法税收优惠的重点是：促进技术创新和科技进步、鼓励基础设施建设、鼓励农业发展及环境保护与节能、支持安全生产、促进公益事业发展和照顾弱势群体，以及针对特殊情形的专项优惠政策。

本法调整了企业所得税的税收优惠方式和内容，构建了“产业优惠为主、区域优惠为辅”的新税收优惠机制。调整后的税收优惠机制以部分税收利益为激励，引导国内外资金进入符合国家产业政策、区域发展政策的行业和区域中，有利于推动企业的技术进步和产业升级、优化国民经济结构。

关联法规

《企业所得税优惠政策事项办理办法》

《财政部、税务总局关于进一步实施小微企业所得税优惠政策的公告》

《财政部、税务总局关于海南自由贸易港企业所得税优惠政策的通知》

第二十六条 【免税收入】企业的下列收入为免税收入：

（一）国债利息收入；

（二）符合条件的居民企业之间的股息、红利等权益性投资收益；

（三）在中国境内设立机构、场所的非居民企业从居民企业取得与该机构、场所有实际联系的股息、红利等权益性投资收益；

（四）符合条件的非营利组织的收入。

条文注释

免税收入，是指属于企业的应税收入但按照税法规定免予征收企业所得税的收入。

免税收入和不征税收入的最大区别在于，企业取得的不征税收入不属于营利性活动带来的经济利益，从税制原理上就不应缴纳企业所得税，而免税收入则是纳税人应税收入的组成部分，按照税制原理应当缴纳企业所得税，但国家出于某些特殊考虑而允许其免予纳税。因此，不征税收入不属于税收优惠,而免税收入则属于税收优惠。

本条规定的免税收入分为以下四类:

(1)国债利息收入。国债利息收入为免税收入,这是因为国债利息完全是由国家财政资金支付,如果对其征税,一方面相当于对国家财政支付的利息通过征收所得税的方式再收回一部分,没有什么实际意义;另一方面将减少国债购买者最终得到的利息收入,不利于鼓励企业购买国债。而且企业购买国债在取得利息收入的同时基本上没有对应的成本费用支出,因此对国债利息收入免税也不违背收入和成本费用的配比原则。

值得注意的是,本法虽规定国债利息收入为免税收入,但并不意味着与国债有关的收入都可以免税,对于国债持有者在二级市场转让国债获得的收入,还是应当作为转让财产收入计算缴纳企业所得税。

(2)符合条件的居民企业之间的股息、红利等权益性投资收益。当某一居民企业对另一居民企业进行权益性投资时,投资企业可能从被投资企业取得股息、红利等权益性投资收益,由于股息、红利是投资企业进行权益性投资获得的经济回报,是导致其净资产增加的经济利益流入的重要组成部分,因此,对投资企业取得的股息、红利等权益性投资收益应当纳入其应税收入总额之中。但由于股息、红利是从被投资企业税后利润中分配的,如果将股息、红利全额并入投资企业的应税收入中征收企业所得税,会出现对同一经济来源所得的重复征税。特别是经过的投资层次越多,融资结构越复杂,重复征税的程度越严重。因此,消除企业间股息、红利的经济性重复征税是防止税收政策扭曲投资方式和融资结构、保持税收中性的必然要求,也是各国的普遍做法。

(3)在中国境内设立机构、场所的非居民企业从居民企业取得与该机构、场所有实际联系的股息、红利等权益性投资收益。与发生在居民企业之间的情况相类似,如果这类股息、红利收益也是从被投资的居民企业的税后利润中分配,已经缴纳过企业所得税,如果再将其并入前述非居民企业的应税收入中征税,也存在对同一经济来源所得的重复征税问题。

(4)符合条件的非营利组织的收入。所谓非营利组织,是指致力于公共利益而非促进私人组织之利益,且符合免税条件的慈善组织,其具有组织性、非政府性、非营利性、自治性和志愿性。由于非营利组织不以营利为目的,其所得基本上全部用于公益目的,以弥补政府在某些公共领域作用的不足,如果对非营利组织征税,将不利于其充分发挥公益作用,因此一些国家的税法规定对非营利组织的全部或某些收入免予征收所得税。但由于我国现行法律法规并未对非营利组织作出明确界定,如果笼统地规定对非营利组织免税,在实际征管中漏洞将会很大。因此,本条规定符合条件的非营利组织的收入为免税收入。

关联法规

《企业所得税法实施条例》第 82 ~ 85 条

《国库券条例》第 12 条

《国务院关于开展优先股试点的指导意见》第 16 条

《财政部、国家税务总局关于非营利组织企业所得税免税收入问题的通知》

第二十七条　【免征、减征项目】企业的下列所得，可以免征、减征企业所得税：

（一）从事农、林、牧、渔业项目的所得；

（二）从事国家重点扶持的公共基础设施项目投资经营的所得；

（三）从事符合条件的环境保护、节能节水项目的所得；

（四）符合条件的技术转让所得；

（五）本法第三条第三款规定的所得。

条文注释

免征、减征是本法最主要的税收优惠方式，它与加计扣除、加速折旧、减计收入、税额抵免等方式共同构成了完整的税收优惠体系。

本条将减免税的对象定位于企业从事某些项目的所得，而不是企业。即使企业的主业不在优惠范围之内，但其从事了本法规定的优惠项目，也可以享受到相应的优惠政策。本条规定的减免税额，属于本法第22条规定的计算应纳税额过程中可以减除的税收优惠减免税额。

本条规定的可以减免企业所得税的所得分为以下五类：

（1）从事农、林、牧、渔业项目的所得。农业是基础产业，是第二产业和第三产业发展的基础，对国家经济安全也具有重要意义，世界各国一般都对农业实行特殊扶持政策。因此，本条第1项规定，企业从事农、林、牧、渔业项目的所得，可以免征、减征企业所得税。

（2）从事国家重点扶持的公共基础设施项目投资经营的

所得。需要说明的是，对公共基础设施项目投资经营所得的减免税政策，其优惠对象是投资并经营公共基础设施项目的经营企业，而不是单纯从事公共基础设施项目建设的建设企业。

(3)从事符合条件的环境保护、节能节水项目的所得。需要注意的是，与对公共基础设施经营项目的减免税一样，对环境保护、节能节水项目的减免税的优惠对象应当是投资并经营环境保护或节能节水项目的企业，而不是单纯从事此类项目建设的企业。

(4)符合条件的技术转让所得。对企业的技术转让所得给予减免税优惠政策，对于促进科技成果转化和产业化起到积极的推动作用。技术转让所得如果要享受减免企业所得税的优惠政策，需要符合一定的条件，具体来说应包括两方面：一方面，被转让的技术应当有较高的技术含量，属于国家重点鼓励发展的技术范围；另一方面，对转让方式也需加以限定，区分以买断方式出售和单纯出让使用权两种形式并给予不同力度的减免优惠。

(5)本法第3条第3款规定的所得。本法第3条第3款规定的所得，包括在中国境内未设立机构、场所的非居民企业取得的来源于中国境内的所得，以及在中国境内设有机构、场所的非居民企业取得的与其所设机构、场所没有实际联系的来源于中国境内的所得。

关联法规

《企业所得税法》第3、22条

《企业所得税法实施条例》第86～91条

第二十八条 【税率优惠】符合条件的小型微利企业,减按20%的税率征收企业所得税。

国家需要重点扶持的高新技术企业,减按15%的税率征收企业所得税。

关联法规

《企业所得税法实施条例》第89、92～94条

《财政部、税务总局关于进一步实施小微企业所得税优惠政策的公告》

第二十九条 【地方所得税减免】民族自治地方的自治机关对本民族自治地方的企业应缴纳的企业所得税中属于地方分享的部分,可以决定减征或者免征。自治州、自治县决定减征或者免征的,须报省、自治区、直辖市人民政府批准。

条文注释

允许民族自治地方拥有一定的税收优惠政策自主权,有利于发挥税收优惠政策对民族自治地方经济发展的推动作用;同时规定其权力限于企业所得税中属于地方分享的部分,目的是预防国家税款的非正常流失。

需要说明的是,按照本法第29条的规定,对民族自治地方的企业应缴纳的企业所得税进行减免时,并不能减免全部税额,而只能就其中属于地方分享的部分进行减免。自2003年起,我国中央与地方所得税收入分享比例为中央分享60%,地方分享40%,因此民族自治地方只能对企业应纳的所得税的40%部分进行减免,而且减免权属于民族自治地方

所在的省级人民政府。

此外,民族自治地方对企业应缴纳的所得税中属于地方分享部分给予的减征或免征数额,也属于本法第22条规定的计算应纳税额过程中可以减除的税收优惠减免税额。

关联法规

《企业所得税法实施条例》第94条

《税收征收管理法》第33条

《民族区域自治法》第34条

《国务院关于明确中央与地方所得税收入分享比例的通知》

第三十条 【加计扣除】企业的下列支出,可以在计算应纳税所得额时加计扣除:

(一)开发新技术、新产品、新工艺发生的研究开发费用;

(二)安置残疾人员及国家鼓励安置的其他就业人员所支付的工资。

条文注释

加计扣除,是指按照税法规定在实际发生数额的基础上,再加成一定比例,作为计算应纳税所得额时的扣除数额的一种税收优惠措施。例如,假定税法规定研发费用可实行150%加计扣除政策,那么如果企业当年开发新产品研发费用实际支出为100元,就可按150元(100元×150%)数额在税前进行扣除,以体现鼓励研发政策。与直接减免税相比,由于加计扣除的对象是企业的某些具体支出项目,在这些项目上支出越多,得到的优惠越大,因此加计扣除对于鼓励企业加大对某些项目的支出更有针对性。

本条规定的加计扣除优惠分为以下两项:(1)开发新技术、新产品、新工艺发生的研究开发费用。对于该种研究开发费用可以在计算应纳税所得额时加计扣除,有利于引导企业增加研发费用投入,提高我国企业核心竞争力。(2)安置残疾人员及国家鼓励安置的其他就业人员所支付的工资。这一优惠有利于鼓励社会各类企业吸纳特殊人员就业,为社会提供更多的就业机会,更好地保障弱势群体的利益。对于这种以安置就业人员所支付的工资为计算基数加计扣除的方式来说,如果企业支付给职工更高的工资,其所获得的税收优惠也就更多,既有利于使所有安置特殊人员就业的企业都能享受到税收优惠,也有利于把税收优惠真正落实到需要照顾的人群头上,避免出现作假带来的税收漏洞。

关联法规

《企业所得税法实施条例》第95、96条

《研发费用税前加计扣除新政指引》

《财政部、税务总局关于进一步完善研发费用税前加计扣除政策的公告》

第三十一条 【创业投资抵扣】创业投资企业从事国家需要重点扶持和鼓励的创业投资,可以按投资额的一定比例抵扣应纳税所得额。

条文注释

创业投资企业,是指在中华人民共和国境内注册设立的主要从事创业投资的企业组织。创业投资,是指向创业企业进行股权投资,以期所投资的创业企业发育成熟或相对成熟后再通过股权转让等方式获得资本增值收益的一种投资方式。

对创业投资企业实行按投资额的一定比例抵扣应纳税所得额的优惠办法，属于间接税收优惠，便于有效控制税收减免额度，可以引导社会资金更多投资于中小高新技术企业，解决中小高新技术企业投资不足问题，有利于风险投资尽快回收，减少投资风险，促进高新技术企业的成长和发展。按照企业所得税的基本原理，企业的对外投资额是可以收回的，不属于成本费用，不得在税前扣除，因此允许企业按照投资额的一定比例抵扣应纳税所得额，实际上也是一种加计扣除优惠。

关联法规

《企业所得税法实施条例》第97条

《财政部、税务总局关于创业投资企业和天使投资个人有关税收政策的通知》

第三十二条　【加速折旧】企业的固定资产由于技术进步等原因，确需加速折旧的，可以缩短折旧年限或者采取加速折旧的方法。

条文注释

加速折旧，是指按照税法规定，允许纳税人在固定资产使用年限的初期提列较多的折旧，以后年度相应减少折旧额，从而使纳税人的所得税负得以递延的一种优惠方式。严格来说，狭义的加速折旧仅包括双倍余额递减法或年数总和法等加速折旧方法，不包括缩短折旧年限。但由于折旧费用是计算应纳税所得额的扣除项目之一，无论是缩短固定资产的折旧年限还是实行加速折旧，都可以减轻纳税人在最初几年的税收负担，虽然从整个固定资产使用期间来看企业的总税负没有变化，但税负前轻后重，对企业来说相当于政府提供了一笔无息贷款，有利于减轻企业的资金压力，因此广义上的加速折旧也可以包括缩短折旧年限。

允许实行加速折旧的固定资产一般有两种情况：一种情况是由于资产使用强度大或更新快而导致其使用寿命缩短，对这类固定资产实行加速折旧更符合其实际的使用寿命；另一种情况是国家为鼓励企业加大对固定资产的投入而允许其对某些资产实行加速折旧。允许企业对某些资产实行加速折旧，对政府而言只是相当于放弃了部分利息收入，整体上不会对税收收入产生大的影响，对企业来说则能起到很大的鼓励和支持作用。

关联法规

《企业所得税法实施条例》第 98 条

《科学技术进步法》第 41 条

《中小企业促进法》第 32 条

《财政部、国家税务总局关于完善固定资产加速折旧企业所得税政策的通知》

《财政部、国家税务总局关于进一步完善固定资产加速折旧企业所得税政策的通知》

第三十三条　【减计收入】企业综合利用资源，生产符合国家产业政策规定的产品所取得的收入，可以在计算应纳税所得额时减计收入。

条文注释

减计收入，是指按照税法规定准予对经营活动取得的应税收入，按一定比例减少计算，进而减少应纳税所得额的一种税收优惠措施。

与加计扣除方式类似，减计收入也是一种间接优惠方式。对企业某些项目的收入减按一定比例计入收入总额，而其对应的成本费用则可以正常扣除，则企业不仅可以减少在这些项目上的税负，还可能减少在其他项目上应纳的所得税。例如，企业经营某一项目的收入为100万元，对此收入可以减按90%即90万元计入其应税收入，而这一项目的成本费用为95万元，则企业在这一项目上的应税所得为－5万元，由于企业的应纳税所得额是综合计算的，这－5万元可用来抵减企业在其他项目上的应税所得，从而不仅相当于对这一项目免税，还免掉了一部分其他项目应缴的所得税，企业从这一项目上得到的收入越多，最终得到的优惠力度就越大。

关联法规

《企业所得税法实施条例》第99条

《资源综合利用企业所得税优惠目录(2021年版)》

第三十四条　【税额抵免】企业购置用于环境保护、节能节水、安全生产等专用设备的投资额，可以按一定比例实行税额抵免。

条文注释

税额抵免，是指按照税法规定，纳税人在计算应纳税额时，可以将某些特殊支出项目，按一定比例抵扣其应纳税额，从而降低其税收负担的一种优惠方式。

按照本法的立法本意，企业享受税额抵免优惠的环境保护、节能节水、安全生产等专用设备，应是企业实际购置并自身实际投入使用的设备，对企业购置上述设备后又转让、出租或没有使用的，则不应享受税额抵免优惠。

关联法规

《企业所得税法实施条例》第100、101条

《环境保护、节能节水项目企业所得税优惠目录（2021年版）》

《安全生产专用设备企业所得税优惠目录（2018年版）》

《国家税务总局关于环境保护节能节水安全生产等专用设备投资抵免企业所得税有关问题的通知》

第三十五条 【具体办法国务院规定】本法规定的税收优惠的具体办法，由国务院规定。

条文注释

法律要长期稳定，法律中的条文就不能轻易变动。税收优惠的具体办法属于操作性的规范，允许其具有一定的“弹性”，由国务院而非法律本身规定，更有利于法律的灵活性和稳定性。

第三十六条 【专项优惠政策国务院制定】根据国民经济和社会发展的需要，或者由于突发事件等原因对企业经营活动产生重大影响的，国务院可以制定企业所得税专项优惠政策，报全国人民代表大会常务委员会备案。

条文注释

对于企业所得税，除了法律规定的优惠政策外，还需要因时制宜的专项优惠政策，以适应国民经济和社会发展的需要，或者应对突发事件。专项优惠政策制定权力集中于国务院，是为了维护税法的严肃性，防止各地各部门各自为政，同时这也与《税收征收管理法》第3条的规定相一致。

关联法规

《税收征收管理法》第3条

第五章　源泉扣缴

第三十七条　【源泉扣缴】对非居民企业取得本法第三条第三款规定的所得应缴纳的所得税，实行源泉扣缴，以支付人为扣缴义务人。税款由扣缴义务人在每次支付或者到期应支付时，从支付或者到期应支付的款项中扣缴。

条文注释

源泉扣缴，是指以所得支付者为扣缴义务人，在每次向纳税人支付有关所得款项时，代为扣缴税款的做法。实行源泉扣缴的最大优点在于可以有效保护税源，保证国家的财政收入，防止偷税漏税，简化纳税手续。

对于非居民企业在中国境内未设立机构、场所但有来源于中国境内的所得，或者虽设立机构、场所但取得的与其所设机构、场所没有实际联系的所得，其应纳的所得税，实行源泉扣缴，以支付人为扣缴义务人。

所谓支付人，是指依照有关法律规定或者合同约定对非居民企业直接负有支付相关款项义务的单位或者个人。支付包括现金支付、汇拨支付、转账支付和权益兑价支付等货币支付和非货币支付。税款由扣缴义务人在每次支付或者到期支付时,从支付或者到期应支付的款项中扣缴。到期应支付的款项,是指支付人按照权责发生制原则应当计入相关成本、费用的应付款项。

关联法规

《企业所得税法实施条例》第104~105条

《国家税务总局关于非居民企业所得税源泉扣缴有关问题的公告》

《税收征收管理法》第30~32、61条

第三十八条　【指定扣缴义务人】对非居民企业在中国境内取得工程作业和劳务所得应缴纳的所得税,税务机关可以指定工程价款或者劳务费的支付人为扣缴义务人。

条文注释

由于外国企业在中国境内从事工程作业和提供劳务业务具有临时性和流动性特点,税款易于流失,从国际、国内实践经验来看,采取一些特殊的征管措施是必要的,赋予税务机关指定扣缴义务人的权力就是一个行之有效的办法。但指定扣缴毕竟是一项特殊征管措施,会增加扣缴义务人的责任,为避免税务机关随意指定,要特别防止其成为地区间争抢税源的手段。

一般来说,可以指定扣缴义务人的情形主要如下:(1)非居民企业在中国境内未设立固定机构,且预计工程作业或提供劳务期限不足一个纳税年度,且有证据表明不履行纳税义务的；(2)没有办理税务登记或者临时税务登记，且未委托中国境内的代理人履行纳税义务的；(3)未按照规定办理企业所得税纳税申报或者预缴申报的；(4)国务院税务主管部门规定的其他情形。县级以上税务机关在依据税法规定指定扣缴义务人时，应同时告知扣缴义务人所扣税款的计算依据、计算方法、扣缴期限和扣缴方式。

关联法规

《企业所得税法实施条例》第106条

第三十九条 【税款追缴】依照本法第三十七条、第三十八条规定应当扣缴的所得税，扣缴义务人未依法扣缴或者无法履行扣缴义务的，由纳税人在所得发生地缴纳。纳税人未依法缴纳的，税务机关可以从该纳税人在中国境内其他收入项目的支付人应付的款项中，追缴该纳税人的应纳税款。

条文注释

实行源泉扣缴并不意味着改变纳税人及其纳税义务。本条中的“纳税人”仍为取得所得的非居民企业。对于扣缴义务人未依法扣缴的或者无法履行扣缴义务的，仍应由纳税人自行申报纳税，但在确定纳税地点时，应尽可能地给予纳税人方便。所得发生地，是指与所得发生存在联系的地方；在中国境内存在多个所得发生地的，由纳税人选择一地申报缴纳税款。

对按税法规定实行源泉扣缴的税款，扣缴义务人应扣而未扣的，应根据《税收征收管理法》第68、69条的规定，分别确定纳税人和扣缴义务人的责任。根据《税收征收管理法》第69条的规定，扣缴义务人应扣而未扣、应收而不收税款的，由税务机关向纳税人追缴税款，对扣缴义务人处应扣而未扣、应收而未收税款50%以上3倍以下的罚款。税务机关在向纳税人追缴应缴未缴的税款时，除可按《税收征收管理法》规定采取税收保全措施或强制执行措施外，还可以按本法第40条规定从纳税人在中国境内其他收入项目的支付人应付的款额中追缴税款，以最大限度地保障国家税款。

关联法规

《企业所得税法实施条例》第107～108条

《税收征收管理法》第40、68、69条

《税收征收管理法实施细则》第94条

第四十条 【扣缴义务人职责】扣缴义务人每次代扣的税款，应当自代扣之日起七日内缴入国库，并向所在地的税务机关报送扣缴企业所得税报告表。

条文注释

本条所称代扣之日，是指扣缴义务人发生扣税义务后的某日，向纳税人支付所得时扣缴税款的，代扣之日为扣缴义务人向纳税人支付有关款项之日；向纳税人到期应支付所得时扣缴的，代扣之日为扣缴义务人相关支付责任的到期之日。对在1个月内频繁发生扣缴义务的扣缴义务人，为简化扣缴申报手续，可按月解缴税款和办理扣缴申报。

关联法规

《企业所得税法实施条例》

第六章 特别纳税调整

第四十一条 【关联企业纳税调整】企业与其关联方之间的业务往来,不符合独立交易原则而减少企业或者其关联方应纳税收入或者所得额的,税务机关有权按照合理方法调整。

企业与其关联方共同开发、受让无形资产,或者共同提供、接受劳务发生的成本,在计算应纳税所得额时应当按照独立交易原则进行分摊。

条文注释

特别纳税调整,是指税务机关出于反避税目的而对纳税人特定纳税事项所作的税务调整,包括针对纳税人转让定价、资本弱化、避税港避税及其他避税情况所进行的税务调整。

关联业务往来,是指具有关联关系的企业或者个人之间发生的转移资源或义务的经济业务事项。其中,关联关系,是指企业或者个人具有下列关系之一:(1)在资金、经营、购销等方面,存在直接或者间接的拥有或者控制关系;(2)直接或者间接地同为第三者所拥有或者控制的关系;(3)在利益上具有相关联的其他关系。

独立交易原则亦称“公平独立原则”“公平交易原则”“正常交易原则”等,是指完全独立的无关联关系的企业或个人,依据市场条件下所采用的计价标准或价格来处理其相互之间的收入和费用分配的原则。在判断关联关系企业与其关联方之间的业务往来是否符合独立交易原则时，强调将关联交易取得的收入或利润水平与可比情形下的没有关联关系的企业交易结果进行比较，如果存在差异，就说明因为关联关系的存在而导致企业取得其按照正常市场交易和营业常规所无法取得的收入或利润水平，从而违背了独立交易原则。

关联法规

《企业所得税法实施条例》第109～112条

《税收征收管理法》第36条

第四十二条　【预约定价】企业可以向税务机关提出与其关联方之间业务往来的定价原则和计算方法，税务机关与企业协商、确认后，达成预约定价安排。

条文注释

预约定价，亦称预约定价协议或预约定价安排，是纳税人与其关联方在关联交易发生之前，向税务机关提出申请，主管税务机关和纳税人之间通过事先制定一系列合理的标准（包括关联交易所适用的转让定价原则和计算方法等），来解决和确定未来一个固定时期内关联交易的定价及相应的税收问题，是国际通行的一种转让定价调整方法。它能防止关联企业通过转让定价的方法转移收入、支出或者利润，使反避税工作由事后检查变为事前监控。

关联法规

《企业所得税法实施条例》第113条

第四十三条　【关联企业的协力义务】企业向税务机关报送年度企业所得税纳税申报表时，应当就其与关联方之间的业务往来，附送年度关联业务往来报告表。

税务机关在进行关联业务调查时，企业及其关联方，以及与关联业务调查有关的其他企业，应当按照规定提供相关资料。

条文注释

为保证税务机关进行税务调整有合理的事实基础，解决税务机关在获取课税资料方面的困难，本条规定了企业应当附送年度关联业务往来报告表，企业及其关联方、与关联业务调查有关的其他企业，有提供相关资料协助调查的义务。这对于税务部门确认企业是否存在避税事实、是否进行税收调整以及在多大的幅度内进行调整，都很重要。

相关资料，是指一个企业应当准备、保存及提供的其与关联方之间业务往来有关的价格、费用的制定标准、计算方法和说明等资料，用以证实其关联交易价格、费用的合理性；以及按纳税年度进行关联企业间业务往来申报时所应填报的资料。相关资料包括税务机关要求企业提供的其销售给境内外关联方的产品再销售价格、最终销售价格等。

关联法规

《企业所得税法实施条例》第114条

第四十四条　【核定应纳税所得额】企业不提供与其关联方之间业务往来资料，或者提供虚假、不完整资料，未能真实反映其关联业务往来情况的，税务机关有权依法核定其应纳税所得额。

条文注释

本法针对企业不提供与其关联方之间业务往来资料，或者提供虚假、不完整资料，未能真实反映其关联业务往来情况的情形，授权税务机关可以核定企业的应纳税所得额。本条所称的“未能真实反映其关联业务往来情况”，是指税务机关经过长期的税源监控和调查研究，确定企业存在避税嫌疑而要求企业提供其与关联方和非关联方之间业务往来有关的价格、费用的制定标准、计算方法和说明等资料用以证实其关联交易价格、费用的合理性，但企业不提供与其关联方之间业务往来资料，或者提供虚假、不完整资料，税务机关按照一定的期限规定，要求企业限期改正仍不改正的，主管税务机关可以根据所掌握的企业实际关联交易情况与其提供的相关资料作对比，由此作出企业未能真实反映其关联业务往来情况的判断。

根据《税收征收管理法实施细则》第47条的规定，税务机关核定应纳税额的方法有：(1)参照当地同类行业或者类似行业中经营规模和收入水平相近的纳税人的税负水平核定；(2)按照营业收入或者成本加合理的费用和利润的方法核定；(3)按照耗用的原材料、燃料、动力等推算或者测算核定；(4)按照其他合理方法核定。采用前款所列一种方法不足以正确核定应纳税额时，可以同时采用两种以上的方法核定。

关联法规

《企业所得税法实施条例》第115条

《税收征收管理法》第35条

《税收征收管理法实施细则》第47条

《企业所得税核定征收办法(试行)》

第四十五条 【反避税港避税】由居民企业,或者由居民企业和中国居民控制的设立在实际税负明显低于本法第四条第一款规定税率水平的国家(地区)的企业,并非由于合理的经营需要而对利润不作分配或者减少分配的,上述利润中应归属于该居民企业的部分,应当计入该居民企业的当期收入。

条文注释

随着我国企业境外投资的增加,企业选择低税率水平的国家(地区)作为逃避应纳税义务的避税港,成为避税的重要方式。本法弥补了以往立法的空白,针对上述现象规定了反避税港避税的规则。

关联法规

《企业所得税法实施条例》第116~118条

第四十六条 【防范资本弱化】企业从其关联方接受的债权性投资与权益性投资的比例超过规定标准而发生的利息支出,不得在计算应纳税所得额时扣除。

条文注释

企业特别是跨国企业,通过减少股份资本、扩大贷款规模,从而以增加利息支出来转移应税所得,实现税收负担最小化,对相关国家的税收权益都将产生不可忽视的负面影响。本条针对上述现象规定了反资本弱化规则。

关联法规

《企业所得税法实施条例》第119条

第四十七条　【一般反避税】企业实施其他不具有合理商业目的的安排而减少其应纳税收入或者所得额的，税务机关有权按照合理方法调整。

条文注释

本条为一般反避税条款，主要针对当前形式多样、方式不断推陈出新的避税行为，以企业是否实施其他不具有合理商业目的的安排，而减少其应纳税收入或者所得额的行为为依据，对避税作了一般防范性规定。

本条所称的“不具有合理商业目的的安排”，是指违背立法意图，且主要目的在于获得包括减少、免除、推迟缴纳税款或税法规定的其他支付款项，或者增加、返还退税收入或税法规定的其他收入款项等税收利益的人为规划的一个或一系列行动或交易，包括任何明确或者隐含的、实际执行或者意图执行的合同、协议、计划、谅解、承诺或保证等，以及根据它们而付诸实施的所有行动和交易。具体而言，“不具有合理商业目的的安排”应该同时满足以下三个条件：(1)必须存在一个安排，是人为规划的一个或一系列行动或交易；(2)企业必须从该安排中获取“税收利益”，即减少企业的应纳税收入或者所得额；(3)企业将获取税收利益作为其从事某安排的唯一或主要目的。满足以上三个条件，则可断定该安排已经构成了避税事实。“安排”是否构成避税事实是根据商业目的来判断的，看企业是否主要出于商业目的而从事交易。如果一个或一系列安排，其唯一的或者主要的目的在于获得税收利益而不是出于商业目的，那么在考虑各项因素后，经过合理推断，则可断定该安排构成了避税事实。

税务机关在对“不具有合理商业目的的安排”进行具体判定时，是有一定的前置条件的，因为制定本条的目的在于对以获得减少应纳税收入或者所得额的税收利益为唯一或主要目的的安排的调整，而不是侧重于对不具有合理商业目的的安排的调整。所以，如果税务机关不知道“安排”是否减少企业应纳税收入或者所得额，则认为税务机关不能判断是否适用本条，进而不能对“安排”进行调整。如果主管税务机关判断“安排”适用本条，那么就有权对其按照合理方法进行调整。“按照合理方法进行调整”，是指主管税务机关可以否定企业所称的“合理商业目的的安排”或视为上述安排失效，从而取消企业或其他参与人通过安排已获得的或者将获得的税收利益，并根据安排的经济实质对其重新定性和适用税法。

当然，这一条款作为兜底的补充性条款，它的意义在于打击和遏制本章中其他条款所不能规范的违背立法意图的避税行为，因此，本条不是经常使用的一个条款。税务机关对“不具有合理商业目的的安排”的判断的客观性来源于对各项相关因素的考虑和基于这些因素的合理推断，因此，该条款不会造成影响企业利益和影响正常交易的结果。

关联法规

《企业所得税法实施条例》第120条

《一般反避税管理办法(试行)》

第四十八条　【补征税款加收利息】税务机关依照本章规定作出纳税调整，需要补征税款的，应当补征税款，并按照国务院规定加收利息。

条文注释

加收利息是税务机关对纳税人作出纳税调整并补征税

款时，要求其履行的一种义务。加收利息的目的是加大纳税人避税行为的成本，减少国家税款迟延入库的损失。

关联法规

《企业所得税法实施条例》第122条

第七章　征收管理

第四十九条　【征收管理法律依据】企业所得税的征收管理除本法规定外，依照《中华人民共和国税收征收管理法》的规定执行。

条文注释

税收征收管理是国家行使征税权力，指导纳税人正确履行纳税义务，对日常征税活动进行组织管理、监督检查等各项活动的总和。《税收征收管理法》是我国税收征管的主要法律依据，本法对《税收征收管理法》中已有的内容不再重复，依照《税收征收管理法》的规定执行。

需要注意的是，相较于《税收征收管理法》中税收征收管理的法律规定，本法中有关企业所得税的征收管理的法律规定为特殊法，对于有关企业所得税的征收管理的法律规定应该优先适用本法中有关企业所得税的征收管理的规定，才能符合和实现立法意图。

关联法规

《税收征收管理法》

《税收征收管理法实施细则》

第五十条　【居民企业纳税地点】除税收法律、行政法规另有规定外，居民企业以企业登记注册地为纳税地点；但登记注册地在境外的，以实际管理机构所在地为纳税地点。

居民企业在中国境内设立不具有法人资格的营业机构的，应当汇总计算并缴纳企业所得税。

条文注释

纳税地点的确定方法，对于做好税收征管工作有重要的影响，同时对于不同地区之间的税收收入分配也有重要的影响。

本条可从以下三个方面来理解：

(1)居民企业的登记注册地在境内的，以登记注册地为纳税地点。居民企业的登记注册地，是指负责办理企业登记手续的登记机关所在地。之所以以企业登记注册地为首选纳税地点，而不是企业的实际控制地或实际经营地，主要是考虑到居民企业的登记注册地相对固定，便于企业所得税的征收管理。

(2)居民企业的登记注册地在境外的，以实际管理机构所在地为纳税地点。根据本法第2条的规定，居民企业，是指依法在中国境内成立，或者依照外国(地区)法律成立但实际管理机构在中国境内的企业。即便依照外国(地区)法律成立但实际管理机构在中国境内的企业，也属于居民企业，负全面纳税义务，应就其来源于境内外的所得缴纳企业所得税。对于登记注册地不在境内的居民企业，如果以其登记注册地为纳税地点则不切实际，税务机关无法有效地开展税收征管工作，不利于我国税收利益的保护。所以，居民企业的登记注册地在境外的，以实际管理机构所在地为纳税地点。

另外，居民企业登记注册地与境内的实际经营地不一致的，可能会产生地区之间税收收入转移的问题，以及企业采取低税率地区注册、其他地区经营的避税行为。对此，财政、税务机关将通过完善汇总纳税地区间所得税分配办法予以解决，同时将按照实质重于形式的原则，严格企业所得税税收征管，加强反避税措施，严格企业登记注册相关办法，防范企业以避税为目的的注册行为。

(3)居民企业实行法人汇总纳税。本条规定，对于在我国境内设立的不具有法人资格的营业机构的居民企业，应该实行汇总纳税，即将不具有法人资格的各营业机构的收入、所得、支出、费用等汇总计算，得出该法人企业的应纳税所得额和应纳税额。

关联法规

《企业所得税法实施条例》第124条

第五十一条 【非居民企业纳税地点】非居民企业取得本法第三条第二款规定的所得，以机构、场所所在地为纳税地点。非居民企业在中国境内设立两个或者两个以上机构、场所，符合国务院税务主管部门规定条件的，可以选择由其主要机构、场所汇总缴纳企业所得税。

非居民企业取得本法第三条第三款规定的所得，以扣缴义务人所在地为纳税地点。

条文注释

根据本法第2条的规定，非居民企业，是指依照外国(地区)法律成立且实际管理机构不在中国境内,但在中国境内设立机构、场所的,或者在中国境内未设立机构、场所,但有来源于中国境内所得的企业。对于这类企业取得的所得,按照本条规定,其纳税地点可以从以下两个方面来理解:

(1)对于非居民企业因在中国境内设立机构、场所而取得来源于中国境内的所得,以及发生在中国境外但与非居民企业在中国境内所设机构、场所有实际联系的所得(本法第3条第2款规定的所得),其纳税地点为所设的境内机构、场所所在地。这样规定是为了体现我国税收主权,维护我国税收利益,同时便于税收征管。若该非居民企业在中国境内有两个或者两个以上机构、场所的,经税务机关审核批准,可以选择由其主要机构、场所汇总缴纳企业所得税。需要注意的是,这种情况下实行汇总纳税的,应经过税务机关审核批准,同时只能以主要机构、场所所在地为纳税地点,其中,“主要机构、场所”的判断,一般应具备以下条件:对其他各营业机构的经营业务负有监督管理责任;设有完整的账簿、凭证,能够正确反映各营业机构收入、成本、费用和盈亏情况。

(2)对于非居民企业在中国境内未设立机构、场所而取得的来源于中国境内的所得,或者非居民企业在中国境内虽设立机构、场所但取得与其所设机构、场所没有实际联系的来源于中国境内的所得(本法第3条第3款规定的所得),以扣缴义务人所在地为纳税地点。根据本法第37条的规定,非居民企业取得上述所得应纳的所得税,实行源泉扣缴,以支付人为扣缴义务人。纳税地点即为支付人所在地。这类所得应缴纳的税款,由扣缴义务人在每次支付或者到期应支付时,从支付或者到期应支付的款项中扣缴。扣缴义务人未依法扣缴的或者无法履行扣缴义务的，由纳税人在所得发生地缴纳。纳税人未依法缴纳的，税务机关可以从该纳税人在中国境内其他收入项目的支付人应付的款额中，追缴该纳税人的应纳税款。

关联法规

《企业所得税法实施条例》第126条

《国家税务总局、财政部、中国人民银行关于非居民企业机构场所汇总缴纳企业所得税有关问题的公告》

第五十二条　【不得合并缴纳】除国务院另有规定外，企业之间不得合并缴纳企业所得税。

条文注释

除国务院另有规定外，具有独立法人资格的企业之间不得合并缴纳企业所得税。按照公司法律制度，子公司具有法人资格，应在其所在地纳税；分公司不具有法人资格，应当由总公司汇总计算纳税。

关联法规

《税收征收管理法》第48条

第五十三条　【纳税年度】企业所得税按纳税年度计算。纳税年度自公历1月1日起至12月31日止。

企业在一个纳税年度中间开业，或者终止经营活动，使该纳税年度的实际经营期不足十二个月的，应当以其实际经营期为一个纳税年度。

企业依法清算时，应当以清算期间作为一个纳税年度。

条文注释

清算期间的计算从成立清算组开始清算时起，至清算结束时止。

关联法规

《公司法》第183、184、186条

第五十四条 【申报与缴纳】企业所得税分月或者分季预缴。

企业应当自月份或者季度终了之日起十五日内，向税务机关报送预缴企业所得税纳税申报表，预缴税款。

企业应当自年度终了之日起五个月内，向税务机关报送年度企业所得税纳税申报表，并汇算清缴，结清应缴应退税款。

企业在报送企业所得税纳税申报表时，应当按照规定附送财务会计报告和其他有关资料。

条文注释

汇算清缴，是指纳税人在纳税年度终了后的规定时期内，依照税收法律、法规、规章及其他有关企业所得税的规定，自行计算全年应纳税所得额和应纳所得税额，根据月度或季度预缴的所得税数额，确定该年度应补或者应退税额，并填写年度企业所得税纳税申报表，向主管税务机关办理年度企业所得税纳税申报、提供税务机关要求提供的有关资料、结清全年企业所得税税款的行为。

关联法规

《企业所得税法实施条例》第127～129条

第五十五条 【经营终止清算】企业在年度中间终止经营活动的，应当自实际经营终止之日起六十日内，向税务机关办理当期企业所得税汇算清缴。

企业应当在办理注销登记前，就其清算所得向税务机关申报并依法缴纳企业所得税。

条文注释

根据本法第53条规定，企业依法清算时，应当以清算期间作为一个纳税年度。清算期间内，公司存续，但只开展与清算有关的经营活动。公司清算结束后，清算组制作清算报告，报股东会、股东大会或者人民法院确认，并报送公司登记机关，申请注销公司登记，公告公司终止，所以对清算所得征收的企业所得税必须在企业进行注销登记之前缴纳。

关联法规

《企业所得税法》第53条

《公司法》第234、239条

第五十六条 【计算本位币】依照本法缴纳的企业所得税，以人民币计算。所得以人民币以外的货币计算的，应当折合成人民币计算并缴纳税款。

第八章 附 则

第五十七条 【过渡性税收优惠】本法公布前已经批准设立的企业，依照当时的税收法律、行政法规规定，享受低税率优惠的，按照国务院规定，可以在本法施行后五年内，逐步过渡到本法规定的税率；享受定期减免税优惠的，按照国务院规定，可以在本法施行后继续享受到期满为止，但因未获利而尚未享受优惠的，优惠期限从本法施行年度起计算。

法律设置的发展对外经济合作和技术交流的特定地区内，以及国务院已规定执行上述地区特殊政策的地区内新设立的国家需要重点扶持的高新技术企业，可以享受过渡性税收优惠，具体办法由国务院规定。

国家已确定的其他鼓励类企业，可以按照国务院规定享受减免税优惠。

条文注释

为了缓解本法出台对部分老企业增加税负的影响，维护法律和政策的连续性，体现政府的诚信度。对本法公布前已经批准设立，依照当时的税收法律、行政法规规定，享受低税率和定期减免税优惠的老企业，给予过渡性照顾：在本法施行前按规定享受15%和24%等低税率优惠的老企业，在本法实施后5年内逐步过渡到新的税率；在本法施行前按规定享受定期减免税优惠的老企业，本法实施后可以按原规定的优惠标准和期限继续享受尚未享受完的优惠，但因没有获利而尚未享受优惠的企业，优惠期限从本法实施年度起计算。考虑到过渡措施政策性强、情况复杂，上述过渡的具体办法由国务院规定。

关联法规

《企业所得税法实施条例》第130条

第五十八条 【税收协定效力优先】中华人民共和国政府同外国政府订立的有关税收的协定与本法有不同规定的，依照协定的规定办理。

条文注释

税收协定，也称税收条约，是指两个或两个以上的主权国家，为了协调相互间的税收分配关系和处理跨国纳税人征税事务等方面的问题，本着平等的原则，通过协商、谈判等一定程序签订的一种对缔约国各方有法律效力的书面税收协议。

税收协定同国内法发生冲突时，我国遵循国际法中的“条约必须遵守”的原则，税收协定效力优先于国内税法。

第五十九条 【实施条例制定】国务院根据本法制定实施条例。

第六十条 【施行日期】本法自2008年1月1日起施行。1991年4月9日第七届全国人民代表大会第四次会议通过的《中华人民共和国外商投资企业和外国企业所得税法》和1993年12月13日国务院发布的《中华人民共和国企业所得税暂行条例》同时废止。

附录

中华人民共和国
企业所得税法实施条例

（2007 年 12 月 6 日国务院令第 215 号公布　根据 2019 年 4 月 23 日国务院令第 714 号《关于修改部分行政法规的决定》第一次修订　根据 2024 年 12 月 6 日国务院令第 797 号《关于修改和废止部分行政法规的决定》第二次修订）

第一章　总　　则

第一条　根据《中华人民共和国企业所得税法》（以下简称企业所得税法）的规定，制定本条例。

第二条　企业所得税法第一条所称个人独资企业、合伙企业，是指依照中国法律、行政法规成立的个人独资企业、合伙企业。

第三条　企业所得税法第二条所称依法在中国境内成立的企业，包括依照中国法律、行政法规在中国境内成立的企业、事业单位、社会团体以及其他取得收入的组织。

企业所得税法第二条所称依照外国（地区）法律成立的企业，包括依照外国（地区）法律成立的企业和其他取得收入的组织。

第四条　企业所得税法第二条所称实际管理机构，是指对企业的生产经营、人员、账务、财产等实施实质性全面管理和控制的机构。

第五条 企业所得税法第二条第三款所称机构、场所，是指在中国境内从事生产经营活动的机构、场所，包括：

（一）管理机构、营业机构、办事机构；

（二）工厂、农场、开采自然资源的场所；

（三）提供劳务的场所；

（四）从事建筑、安装、装配、修理、勘探等工程作业的场所；

（五）其他从事生产经营活动的机构、场所。

非居民企业委托营业代理人在中国境内从事生产经营活动的，包括委托单位或者个人经常代其签订合同，或者储存、交付货物等，该营业代理人视为非居民企业在中国境内设立的机构、场所。

第六条 企业所得税法第三条所称所得，包括销售货物所得、提供劳务所得、转让财产所得、股息红利等权益性投资所得、利息所得、租金所得、特许权使用费所得、接受捐赠所得和其他所得。

第七条 企业所得税法第三条所称来源于中国境内、境外的所得，按照以下原则确定：

（一）销售货物所得，按照交易活动发生地确定；

（二）提供劳务所得，按照劳务发生地确定；

（三）转让财产所得，不动产转让所得按照不动产所在地确定，动产转让所得按照转让动产的企业或者机构、场所所在地确定，权益性投资资产转让所得按照被投资企业所在地确定；

（四）股息、红利等权益性投资所得，按照分配所得的企业所在地确定；

（五）利息所得、租金所得、特许权使用费所得，按照负担、支付所得的企业或者机构、场所所在地确定，或者按照负担、支付所得的个人的住所地确定；

（六）其他所得，由国务院财政、税务主管部门确定。

第八条 企业所得税法第三条所称实际联系，是指非居民企业在中国境内设立的机构、场所拥有据以取得所得的股权、债权，以及拥有、管理、控制据以取得所得的财产等。

第二章 应纳税所得额

第一节 一般规定

第九条 企业应纳税所得额的计算，以权责发生制为原则，属于当期的收入和费用，不论款项是否收付，均作为当期的收入和费用；不属于当期的收入和费用，即使款项已经在当期收付，均不作为当期的收入和费用。本条例和国务院财政、税务主管部门另有规定的除外。

第十条 企业所得税法第五条所称亏损，是指企业依照企业所得税法和本条例的规定将每一纳税年度的收入总额减除不征税收入、免税收入和各项扣除后小于零的数额。

第十一条 企业所得税法第五十五条所称清算所得，是指企业的全部资产可变现价值或者交易价格减除资产净值、清算费用以及相关税费等后的余额。

投资方企业从被清算企业分得的剩余资产，其中相当于从被清算企业累计未分配利润和累计盈余公积中应当分得的部分，应当确认为股息所得；剩余资产减除上述股息所得后的余额，超过或者低于投资成本的部分，应当确认为投资资产转让所得或者损失。

第二节 收 入

第十二条 企业所得税法第六条所称企业取得收入的货币形

式，包括现金、存款、应收账款、应收票据、准备持有至到期的债券投资以及债务的豁免等。

企业所得税法第六条所称企业取得收入的非货币形式，包括固定资产、生物资产、无形资产、股权投资、存货、不准备持有至到期的债券投资、劳务以及有关权益等。

第十三条 企业所得税法第六条所称企业以非货币形式取得的收入，应当按照公允价值确定收入额。

前款所称公允价值，是指按照市场价格确定的价值。

第十四条 企业所得税法第六条第（一）项所称销售货物收入，是指企业销售商品、产品、原材料、包装物、低值易耗品以及其他存货取得的收入。

第十五条 企业所得税法第六条第（二）项所称提供劳务收入，是指企业从事建筑安装、修理修配、交通运输、仓储租赁、金融保险、邮电通信、咨询经纪、文化体育、科学研究、技术服务、教育培训、餐饮住宿、中介代理、卫生保健、社区服务、旅游、娱乐、加工以及其他劳务服务活动取得的收入。

第十六条 企业所得税法第六条第（三）项所称转让财产收入，是指企业转让固定资产、生物资产、无形资产、股权、债权等财产取得的收入。

第十七条 企业所得税法第六条第（四）项所称股息、红利等权益性投资收益，是指企业因权益性投资从被投资方取得的收入。

股息、红利等权益性投资收益，除国务院财政、税务主管部门另有规定外，按照被投资方作出利润分配决定的日期确认收入的实现。

第十八条 企业所得税法第六条第（五）项所称利息收入，是指企业将资金提供他人使用但不构成权益性投资，或者因他人占用本企业资金取得的收入，包括存款利息、贷款利息、债券利息、欠款利息等收入。

利息收入，按照合同约定的债务人应付利息的日期确认收入的实现。

第十九条　企业所得税法第六条第（六）项所称租金收入，是指企业提供固定资产、包装物或者其他有形资产的使用权取得的收入。

租金收入，按照合同约定的承租人应付租金的日期确认收入的实现。

第二十条　企业所得税法第六条第（七）项所称特许权使用费收入，是指企业提供专利权、非专利技术、商标权、著作权以及其他特许权的使用权取得的收入。

特许权使用费收入，按照合同约定的特许权使用人应付特许权使用费的日期确认收入的实现。

第二十一条　企业所得税法第六条第（八）项所称接受捐赠收入，是指企业接受的来自其他企业、组织或者个人无偿给予的货币性资产、非货币性资产。

接受捐赠收入，按照实际收到捐赠资产的日期确认收入的实现。

第二十二条　企业所得税法第六条第（九）项所称其他收入，是指企业取得的除企业所得税法第六条第（一）项至第（八）项规定的收入外的其他收入，包括企业资产溢余收入、逾期未退包装物押金收入、确实无法偿付的应付款项、已作坏账损失处理后又收回的应收款项、债务重组收入、补贴收入、违约金收入、汇兑收益等。

第二十三条 企业的下列生产经营业务可以分期确认收入的实现：

（一）以分期收款方式销售货物的，按照合同约定的收款日期确认收入的实现；

（二）企业受托加工制造大型机械设备、船舶、飞机，以及从事建筑、安装、装配工程业务或者提供其他劳务等，持续时间超过12个月的，按照纳税年度内完工进度或者完成的工作量确认收入的实现。

第二十四条 采取产品分成方式取得收入的，按照企业分得产品的日期确认收入的实现，其收入额按照产品的公允价值确定。

第二十五条 企业发生非货币性资产交换，以及将货物、财产、劳务用于捐赠、偿债、赞助、集资、广告、样品、职工福利或者利润分配等用途的，应当视同销售货物、转让财产或者提供劳务，但国务院财政、税务主管部门另有规定的除外。

第二十六条 企业所得税法第七条第（一）项所称财政拨款，是指各级人民政府对纳入预算管理的事业单位、社会团体等组织拨付的财政资金，但国务院和国务院财政、税务主管部门另有规定的除外。

企业所得税法第七条第（二）项所称行政事业性收费，是指依照法律法规等有关规定，按照国务院规定程序批准，在实施社会公共管理，以及在向公民、法人或者其他组织提供特定公共服务过程中，向特定对象收取并纳入财政管理的费用。

企业所得税法第七条第（二）项所称政府性基金，是指企业依照法律、行政法规等有关规定，代政府收取的具有专项用途的财政资金。

企业所得税法第七条第（三）项所称国务院规定的其他不征

税收入,是指企业取得的,由国务院财政、税务主管部门规定专项用途并经国务院批准的财政性资金。

第三节 扣 除

第二十七条 企业所得税法第八条所称有关的支出,是指与取得收入直接相关的支出。

企业所得税法第八条所称合理的支出,是指符合生产经营活动常规,应当计入当期损益或者有关资产成本的必要和正常的支出。

第二十八条 企业发生的支出应当区分收益性支出和资本性支出。收益性支出在发生当期直接扣除;资本性支出应当分期扣除或者计入有关资产成本,不得在发生当期直接扣除。

企业的不征税收入用于支出所形成的费用或者财产,不得扣除或者计算对应的折旧、摊销扣除。

除企业所得税法和本条例另有规定外,企业实际发生的成本、费用、税金、损失和其他支出,不得重复扣除。

第二十九条 企业所得税法第八条所称成本,是指企业在生产经营活动中发生的销售成本、销货成本、业务支出以及其他耗费。

第三十条 企业所得税法第八条所称费用,是指企业在生产经营活动中发生的销售费用、管理费用和财务费用,已经计入成本的有关费用除外。

第三十一条 企业所得税法第八条所称税金,是指企业发生的除企业所得税和允许抵扣的增值税以外的各项税金及其附加。

第三十二条 企业所得税法第八条所称损失,是指企业在生产经营活动中发生的固定资产和存货的盘亏、毁损、报废损失,转让财产损失，呆账损失，坏账损失，自然灾害等不可抗力因素造成的损失以及其他损失。

企业发生的损失，减除责任人赔偿和保险赔款后的余额，依照国务院财政、税务主管部门的规定扣除。

企业已经作为损失处理的资产，在以后纳税年度又全部收回或者部分收回时，应当计入当期收入。

第三十三条 企业所得税法第八条所称其他支出，是指除成本、费用、税金、损失外，企业在生产经营活动中发生的与生产经营活动有关的、合理的支出。

第三十四条 企业发生的合理的工资薪金支出，准予扣除。

前款所称工资薪金，是指企业每一纳税年度支付给在本企业任职或者受雇的员工的所有现金形式或者非现金形式的劳动报酬，包括基本工资、奖金、津贴、补贴、年终加薪、加班工资，以及与员工任职或者受雇有关的其他支出。

第三十五条 企业依照国务院有关主管部门或者省级人民政府规定的范围和标准为职工缴纳的基本养老保险费、基本医疗保险费、失业保险费、工伤保险费、生育保险费等基本社会保险费和住房公积金，准予扣除。

企业为投资者或者职工支付的补充养老保险费、补充医疗保险费，在国务院财政、税务主管部门规定的范围和标准内，准予扣除。

第三十六条 除企业依照国家有关规定为特殊工种职工支付的人身安全保险费和国务院财政、税务主管部门规定可以扣除的其他商业保险费外，企业为投资者或者职工支付的商业保险费，不得扣除。

第三十七条 企业在生产经营活动中发生的合理的不需要资本化的借款费用，准予扣除。

企业为购置、建造固定资产、无形资产和经过12个月以上的建造才能达到预定可销售状态的存货发生借款的，在有关资产购置、建造期间发生的合理的借款费用，应当作为资本性支出计入有关资产的成本，并依照本条例的规定扣除。

第三十八条 企业在生产经营活动中发生的下列利息支出，准予扣除：

（一）非金融企业向金融企业借款的利息支出、金融企业的各项存款利息支出和同业拆借利息支出、企业经批准发行债券的利息支出；

（二）非金融企业向非金融企业借款的利息支出，不超过按照金融企业同期同类贷款利率计算的数额的部分。

第三十九条 企业在货币交易中，以及纳税年度终了时将人民币以外的货币性资产、负债按照期末即期人民币汇率中间价折算为人民币时产生的汇兑损失，除已经计入有关资产成本以及与向所有者进行利润分配相关的部分外，准予扣除。

第四十条 企业发生的职工福利费支出，不超过工资薪金总额14%的部分，准予扣除。

第四十一条 企业拨缴的工会经费，不超过工资薪金总额2%的部分，准予扣除。

第四十二条 除国务院财政、税务主管部门另有规定外，企业发生的职工教育经费支出，不超过工资薪金总额2.5%的部分，准予扣除；超过部分，准予在以后纳税年度结转扣除。

第四十三条 企业发生的与生产经营活动有关的业务招待费支出，按照发生额的60%扣除，但最高不得超过当年销售（营业）收入的5‰。

第四十四条 企业发生的符合条件的广告费和业务宣传费支

出,除国务院财政、税务主管部门另有规定外,不超过当年销售(营业)收入15%的部分,准予扣除;超过部分,准予在以后纳税年度结转扣除。

第四十五条 企业依照法律、行政法规有关规定提取的用于环境保护、生态恢复等方面的专项资金,准予扣除。上述专项资金提取后改变用途的,不得扣除。

第四十六条 企业参加财产保险,按照规定缴纳的保险费,准予扣除。

第四十七条 企业根据生产经营活动的需要租入固定资产支付的租赁费,按照以下方法扣除:

(一)以经营租赁方式租入固定资产发生的租赁费支出,按照租赁期限均匀扣除;

(二)以融资租赁方式租入固定资产发生的租赁费支出,按照规定构成融资租入固定资产价值的部分应当提取折旧费用,分期扣除。

第四十八条 企业发生的合理的劳动保护支出,准予扣除。

第四十九条 企业之间支付的管理费、企业内营业机构之间支付的租金和特许权使用费,以及非银行企业内营业机构之间支付的利息,不得扣除。

第五十条 非居民企业在中国境内设立的机构、场所,就其中国境外总机构发生的与该机构、场所生产经营有关的费用,能够提供总机构出具的费用汇集范围、定额、分配依据和方法等证明文件,并合理分摊的,准予扣除。

第五十一条 企业所得税法第九条所称公益性捐赠,是指企业通过公益性社会组织或者县级以上人民政府及其部门,用于符合法律规定的慈善活动、公益事业的捐赠。

第五十二条 本条例第五十一条所称公益性社会组织，是指同时符合下列条件的慈善组织以及其他社会组织：

（一）依法登记，具有法人资格；

（二）以发展公益事业为宗旨，且不以营利为目的；

（三）全部资产及其增值为该法人所有；

（四）收益和营运结余主要用于符合该法人设立目的的事业；

（五）终止后的剩余财产不归属任何个人或者营利组织；

（六）不经营与其设立目的无关的业务；

（七）有健全的财务会计制度；

（八）捐赠者不以任何形式参与该法人财产的分配；

（九）国务院财政、税务主管部门会同国务院民政部门等登记管理部门规定的其他条件。

第五十三条 企业当年发生以及以前年度结转的公益性捐赠支出，不超过年度利润总额12%的部分，准予扣除。

年度利润总额，是指企业依照国家统一会计制度的规定计算的年度会计利润。

第五十四条 企业所得税法第十条第（六）项所称赞助支出，是指企业发生的与生产经营活动无关的各种非广告性质支出。

第五十五条 企业所得税法第十条第（七）项所称未经核定的准备金支出，是指不符合国务院财政、税务主管部门规定的各项资产减值准备、风险准备等准备金支出。

第四节 资产的税务处理

第五十六条 企业的各项资产，包括固定资产、生物资产、无形资产、长期待摊费用、投资资产、存货等，以历史成本为计税基础。

前款所称历史成本，是指企业取得该项资产时实际发生的支出。

企业持有各项资产期间资产增值或者减值，除国务院财政、税务主管部门规定可以确认损益外，不得调整该资产的计税基础。

第五十七条 企业所得税法第十一条所称固定资产，是指企业为生产产品、提供劳务、出租或者经营管理而持有的、使用时间超过 12 个月的非货币性资产，包括房屋、建筑物、机器、机械、运输工具以及其他与生产经营活动有关的设备、器具、工具等。

第五十八条 固定资产按照以下方法确定计税基础：

（一）外购的固定资产，以购买价款和支付的相关税费以及直接归属于使该资产达到预定用途发生的其他支出为计税基础；

（二）自行建造的固定资产，以竣工结算前发生的支出为计税基础；

（三）融资租入的固定资产，以租赁合同约定的付款总额和承租人在签订租赁合同过程中发生的相关费用为计税基础，租赁合同未约定付款总额的，以该资产的公允价值和承租人在签订租赁合同过程中发生的相关费用为计税基础；

（四）盘盈的固定资产，以同类固定资产的重置完全价值为计税基础；

（五）通过捐赠、投资、非货币性资产交换、债务重组等方式取得的固定资产，以该资产的公允价值和支付的相关税费为计税基础；

（六）改建的固定资产，除企业所得税法第十三条第（一）项和第（二）项规定的支出外，以改建过程中发生的改建支出增加计税基础。

第五十九条 固定资产按照直线法计算的折旧，准予扣除。

企业应当自固定资产投入使用月份的次月起计算折旧；停止使用的固定资产，应当自停止使用月份的次月起停止计算折旧。

企业应当根据固定资产的性质和使用情况，合理确定固定资产的预计净残值。固定资产的预计净残值一经确定，不得变更。

第六十条 除国务院财政、税务主管部门另有规定外，固定资产计算折旧的最低年限如下：

（一）房屋、建筑物，为20年；

（二）飞机、火车、轮船、机器、机械和其他生产设备，为10年；

（三）与生产经营活动有关的器具、工具、家具等，为5年；

（四）飞机、火车、轮船以外的运输工具，为4年；

（五）电子设备，为3年。

第六十一条 从事开采石油、天然气等矿产资源的企业，在开始商业性生产前发生的费用和有关固定资产的折耗、折旧方法，由国务院财政、税务主管部门另行规定。

第六十二条 生产性生物资产按照以下方法确定计税基础：

（一）外购的生产性生物资产，以购买价款和支付的相关税费为计税基础；

（二）通过捐赠、投资、非货币性资产交换、债务重组等方式取得的生产性生物资产，以该资产的公允价值和支付的相关税费为计税基础。

前款所称生产性生物资产，是指企业为生产农产品、提供劳务或者出租等而持有的生物资产，包括经济林、薪炭林、产畜和役畜等。

第六十三条 生产性生物资产按照直线法计算的折旧，准予扣除。

企业应当自生产性生物资产投入使用月份的次月起计算折旧；停止使用的生产性生物资产，应当自停止使用月份的次月起停止计算折旧。

企业应当根据生产性生物资产的性质和使用情况，合理确定生产性生物资产的预计净残值。生产性生物资产的预计净残值一经确定，不得变更。

第六十四条 生产性生物资产计算折旧的最低年限如下：

（一）林木类生产性生物资产，为10年；

（二）畜类生产性生物资产，为3年。

第六十五条 企业所得税法第十二条所称无形资产，是指企业为生产产品、提供劳务、出租或者经营管理而持有的、没有实物形态的非货币性长期资产，包括专利权、商标权、著作权、土地使用权、非专利技术、商誉等。

第六十六条 无形资产按照以下方法确定计税基础：

（一）外购的无形资产，以购买价款和支付的相关税费以及直接归属于使该资产达到预定用途发生的其他支出为计税基础；

（二）自行开发的无形资产，以开发过程中该资产符合资本化条件后至达到预定用途前发生的支出为计税基础；

（三）通过捐赠、投资、非货币性资产交换、债务重组等方式取得的无形资产，以该资产的公允价值和支付的相关税费为计税基础。

第六十七条 无形资产按照直线法计算的摊销费用，准予扣除。

无形资产的摊销年限不得低于10年。

作为投资或者受让的无形资产，有关法律规定或者合同约定了使用年限的，可以按照规定或者约定的使用年限分期摊销。

外购商誉的支出，在企业整体转让或者清算时，准予扣除。

第六十八条 企业所得税法第十三条第(一)项和第(二)项所称固定资产的改建支出，是指改变房屋或者建筑物结构、延长使用年限等发生的支出。

企业所得税法第十三条第(一)项规定的支出，按照固定资产预计尚可使用年限分期摊销；第(二)项规定的支出，按照合同约定的剩余租赁期限分期摊销。

改建的固定资产延长使用年限的，除企业所得税法第十三条第(一)项和第(二)项规定外，应当适当延长折旧年限。

第六十九条 企业所得税法第十三条第(三)项所称固定资产的大修理支出，是指同时符合下列条件的支出：

(一)修理支出达到取得固定资产时的计税基础50%以上；

(二)修理后固定资产的使用年限延长2年以上。

企业所得税法第十三条第(三)项规定的支出，按照固定资产尚可使用年限分期摊销。

第七十条 企业所得税法第十三条第(四)项所称其他应当作为长期待摊费用的支出，自支出发生月份的次月起，分期摊销，摊销年限不得低于3年。

第七十一条 企业所得税法第十四条所称投资资产，是指企业对外进行权益性投资和债权性投资形成的资产。

企业在转让或者处置投资资产时，投资资产的成本，准予扣除。

投资资产按照以下方法确定成本：

(一)通过支付现金方式取得的投资资产，以购买价款为成本；

(二)通过支付现金以外的方式取得的投资资产，以该资产的公允价值和支付的相关税费为成本。

第七十二条 企业所得税法第十五条所称存货，是指企业持有以备出售的产品或者商品、处在生产过程中的在产品、在生产或者提供劳务过程中耗用的材料和物料等。

存货按照以下方法确定成本：

（一）通过支付现金方式取得的存货，以购买价款和支付的相关税费为成本；

（二）通过支付现金以外的方式取得的存货，以该存货的公允价值和支付的相关税费为成本；

（三）生产性生物资产收获的农产品，以产出或者采收过程中发生的材料费、人工费和分摊的间接费用等必要支出为成本。

第七十三条 企业使用或者销售的存货的成本计算方法，可以在先进先出法、加权平均法、个别计价法中选用一种。计价方法一经选用，不得随意变更。

第七十四条 企业所得税法第十六条所称资产的净值和第十九条所称财产净值，是指有关资产、财产的计税基础减除已经按照规定扣除的折旧、折耗、摊销、准备金等后的余额。

第七十五条 除国务院财政、税务主管部门另有规定外，企业在重组过程中，应当在交易发生时确认有关资产的转让所得或者损失，相关资产应当按照交易价格重新确定计税基础。

第三章 应纳税额

第七十六条 企业所得税法第二十二条规定的应纳税额的计算公式为：

应纳税额＝应纳税所得额×适用税率－减免税额－抵免税额

公式中的减免税额和抵免税额,是指依照企业所得税法和国务院的税收优惠规定减征、免征和抵免的应纳税额。

第七十七条 企业所得税法第二十三条所称已在境外缴纳的所得税税额,是指企业来源于中国境外的所得依照中国境外税收法律以及相关规定应当缴纳并已经实际缴纳的企业所得税性质的税款。

第七十八条 企业所得税法第二十三条所称抵免限额,是指企业来源于中国境外的所得,依照企业所得税法和本条例的规定计算的应纳税额。除国务院财政、税务主管部门另有规定外,该抵免限额应当分国(地区)不分项计算,计算公式如下:

抵免限额 = 中国境内、境外所得依照企业所得税法和本条例的规定计算的应纳税总额 × 来源于某国(地区)的应纳税所得额 ÷ 中国境内、境外应纳税所得总额

第七十九条 企业所得税法第二十三条所称 5 个年度,是指从企业取得的来源于中国境外的所得,已经在中国境外缴纳的企业所得税性质的税额超过抵免限额的当年的次年起连续 5 个纳税年度。

第八十条 企业所得税法第二十四条所称直接控制,是指居民企业直接持有外国企业 20% 以上股份。

企业所得税法第二十四条所称间接控制,是指居民企业以间接持股方式持有外国企业 20% 以上股份,具体认定办法由国务院财政、税务主管部门另行制定。

第八十一条 企业依照企业所得税法第二十三条、第二十四条的规定抵免企业所得税税额时,应当提供中国境外税务机关出具的税款所属年度的有关纳税凭证。

第四章 税收优惠

第八十二条 企业所得税法第二十六条第（一）项所称国债利息收入，是指企业持有国务院财政部门发行的国债取得的利息收入。

第八十三条 企业所得税法第二十六条第（二）项所称符合条件的居民企业之间的股息、红利等权益性投资收益，是指居民企业直接投资于其他居民企业取得的投资收益。企业所得税法第二十六条第（二）项和第（三）项所称股息、红利等权益性投资收益，不包括连续持有居民企业公开发行并上市流通的股票不足12个月取得的投资收益。

第八十四条 企业所得税法第二十六条第（四）项所称符合条件的非营利组织，是指同时符合下列条件的组织：

（一）依法履行非营利组织登记手续；

（二）从事公益性或者非营利性活动；

（三）取得的收入除用于与该组织有关的、合理的支出外，全部用于登记核定或者章程规定的公益性或者非营利性事业；

（四）财产及其孳息不用于分配；

（五）按照登记核定或者章程规定，该组织注销后的剩余财产用于公益性或者非营利性目的，或者由登记管理机关转赠给与该组织性质、宗旨相同的组织，并向社会公告；

（六）投入人对投入该组织的财产不保留或者享有任何财产权利；

（七）工作人员工资福利开支控制在规定的比例内，不变相分配该组织的财产。

前款规定的非营利组织的认定管理办法由国务院财政、税务主管部门会同国务院有关部门制定。

第八十五条 企业所得税法第二十六条第(四)项所称符合条件的非营利组织的收入,不包括非营利组织从事营利性活动取得的收入,但国务院财政、税务主管部门另有规定的除外。

第八十六条 企业所得税法第二十七条第(一)项规定的企业从事农、林、牧、渔业项目的所得,可以免征、减征企业所得税,是指:

(一)企业从事下列项目的所得,免征企业所得税:

1. 蔬菜、谷物、薯类、油料、豆类、棉花、麻类、糖料、水果、坚果的种植;

2. 农作物新品种的选育;

3. 中药材的种植;

4. 林木的培育和种植;

5. 牲畜、家禽的饲养;

6. 林产品的采集;

7. 灌溉、农产品初加工、兽医、农技推广、农机作业和维修等农、林、牧、渔服务业项目;

8. 远洋捕捞。

(二)企业从事下列项目的所得,减半征收企业所得税:

1. 花卉、茶以及其他饮料作物和香料作物的种植;

2. 海水养殖、内陆养殖。

企业从事国家限制和禁止发展的项目,不得享受本条规定的企业所得税优惠。

第八十七条 企业所得税法第二十七条第(二)项所称国家重点扶持的公共基础设施项目,是指《公共基础设施项目企业所得税优惠目录》规定的港口码头、机场、铁路、公路、城市公共交通、电力、水利等项目。

企业从事前款规定的国家重点扶持的公共基础设施项目的投资经营的所得，自项目取得第一笔生产经营收入所属纳税年度起，第一年至第三年免征企业所得税，第四年至第六年减半征收企业所得税。

企业承包经营、承包建设和内部自建自用本条规定的项目，不得享受本条规定的企业所得税优惠。

第八十八条　企业所得税法第二十七条第（三）项所称符合条件的环境保护、节能节水项目，包括公共污水处理、公共垃圾处理、沼气综合开发利用、节能减排技术改造、海水淡化等。项目的具体条件和范围由国务院财政、税务主管部门商国务院有关部门制订，报国务院批准后公布施行。

企业从事前款规定的符合条件的环境保护、节能节水项目的所得，自项目取得第一笔生产经营收入所属纳税年度起，第一年至第三年免征企业所得税，第四年至第六年减半征收企业所得税。

第八十九条　依照本条例第八十七条和第八十八条规定享受减免税优惠的项目，在减免税期限内转让的，受让方自受让之日起，可以在剩余期限内享受规定的减免税优惠；减免税期限届满后转让的，受让方不得就该项目重复享受减免税优惠。

第九十条　企业所得税法第二十七条第（四）项所称符合条件的技术转让所得免征、减征企业所得税，是指一个纳税年度内，居民企业技术转让所得不超过500万元的部分，免征企业所得税；超过500万元的部分，减半征收企业所得税。

第九十一条　非居民企业取得企业所得税法第二十七条第（五）项规定的所得，减按10%的税率征收企业所得税。

下列所得可以免征企业所得税：

（一）外国政府向中国政府提供贷款取得的利息所得；

（二）国际金融组织向中国政府和居民企业提供优惠贷款取得的利息所得；

（三）经国务院批准的其他所得。

第九十二条 企业所得税法第二十八条第一款所称符合条件的小型微利企业，是指从事国家非限制和禁止行业，并符合下列条件的企业：

（一）工业企业，年度应纳税所得额不超过30万元，从业人数不超过100人，资产总额不超过3000万元；

（二）其他企业，年度应纳税所得额不超过30万元，从业人数不超过80人，资产总额不超过1000万元。

第九十三条 企业所得税法第二十八条第二款所称国家需要重点扶持的高新技术企业，是指拥有核心自主知识产权，并同时符合下列条件的企业：

（一）产品（服务）属于《国家重点支持的高新技术领域》规定的范围；

（二）研究开发费用占销售收入的比例不低于规定比例；

（三）高新技术产品（服务）收入占企业总收入的比例不低于规定比例；

（四）科技人员占企业职工总数的比例不低于规定比例；

（五）高新技术企业认定管理办法规定的其他条件。

《国家重点支持的高新技术领域》和高新技术企业认定管理办法由国务院工业和信息化、科技、财政、税务主管部门商国务院有关部门制订，报国务院批准后公布施行。

第九十四条 企业所得税法第二十九条所称民族自治地方，

是指依照《中华人民共和国民族区域自治法》的规定，实行民族区域自治的自治区、自治州、自治县。

对民族自治地方内国家限制和禁止行业的企业，不得减征或者免征企业所得税。

第九十五条 企业所得税法第三十条第（一）项所称研究开发费用的加计扣除，是指企业为开发新技术、新产品、新工艺发生的研究开发费用，未形成无形资产计入当期损益的，在按照规定据实扣除的基础上，按照研究开发费用的 50% 加计扣除；形成无形资产的，按照无形资产成本的 150% 摊销。

第九十六条 企业所得税法第三十条第（二）项所称企业安置残疾人员所支付的工资的加计扣除，是指企业安置残疾人员的，在按照支付给残疾职工工资据实扣除的基础上，按照支付给残疾职工工资的 100% 加计扣除。残疾人员的范围适用《中华人民共和国残疾人保障法》的有关规定。

企业所得税法第三十条第（二）项所称企业安置国家鼓励安置的其他就业人员所支付的工资的加计扣除办法，由国务院另行规定。

第九十七条 企业所得税法第三十一条所称抵扣应纳税所得额，是指创业投资企业采取股权投资方式投资于未上市的中小高新技术企业 2 年以上的，可以按照其投资额的 70% 在股权持有满 2 年的当年抵扣该创业投资企业的应纳税所得额；当年不足抵扣的，可以在以后纳税年度结转抵扣。

第九十八条 企业所得税法第三十二条所称可以采取缩短折旧年限或者采取加速折旧的方法的固定资产，包括：

（一）由于技术进步，产品更新换代较快的固定资产；

（二）常年处于强震动、高腐蚀状态的固定资产。

采取缩短折旧年限方法的，最低折旧年限不得低于本条例第六十条规定折旧年限的60%；采取加速折旧方法的，可以采取双倍余额递减法或者年数总和法。

第九十九条　企业所得税法第三十三条所称减计收入，是指企业以《资源综合利用企业所得税优惠目录》规定的资源作为主要原材料，生产国家非限制和禁止并符合国家和行业相关标准的产品取得的收入，减按90%计入收入总额。

前款所称原材料占生产产品材料的比例不得低于《资源综合利用企业所得税优惠目录》规定的标准。

第一百条　企业所得税法第三十四条所称税额抵免，是指企业购置并实际使用《环境保护专用设备企业所得税优惠目录》、《节能节水专用设备企业所得税优惠目录》和《安全生产专用设备企业所得税优惠目录》规定的环境保护、节能节水、安全生产等专用设备的，该专用设备的投资额的10%可以从企业当年的应纳税额中抵免；当年不足抵免的，可以在以后5个纳税年度结转抵免。

享受前款规定的企业所得税优惠的企业，应当实际购置并自身实际投入使用前款规定的专用设备；企业购置上述专用设备在5年内转让、出租的，应当停止享受企业所得税优惠，并补缴已经抵免的企业所得税税款。

第一百零一条　本章第八十七条、第九十九条、第一百条规定的企业所得税优惠目录，由国务院财政、税务主管部门商国务院有关部门制订，报国务院批准后公布施行。

第一百零二条　企业同时从事适用不同企业所得税待遇的项目的，其优惠项目应当单独计算所得，并合理分摊企业的期间费用；没有单独计算的，不得享受企业所得税优惠。

第五章　源泉扣缴

第一百零三条　依照企业所得税法对非居民企业应当缴纳的企业所得税实行源泉扣缴的，应当依照企业所得税法第十九条的规定计算应纳税所得额。

企业所得税法第十九条所称收入全额，是指非居民企业向支付人收取的全部价款和价外费用。

第一百零四条　企业所得税法第三十七条所称支付人，是指依照有关法律规定或者合同约定对非居民企业直接负有支付相关款项义务的单位或者个人。

第一百零五条　企业所得税法第三十七条所称支付，包括现金支付、汇拨支付、转账支付和权益兑价支付等货币支付和非货币支付。

企业所得税法第三十七条所称到期应支付的款项，是指支付人按照权责发生制原则应当计入相关成本、费用的应付款项。

第一百零六条　企业所得税法第三十八条规定的可以指定扣缴义务人的情形，包括：

（一）预计工程作业或者提供劳务期限不足一个纳税年度，且有证据表明不履行纳税义务的；

（二）没有办理税务登记或者临时税务登记，且未委托中国境内的代理人履行纳税义务的；

（三）未按照规定期限办理企业所得税纳税申报或者预缴申报的。

前款规定的扣缴义务人，由县级以上税务机关指定，并同时告知扣缴义务人所扣税款的计算依据、计算方法、扣缴期限和扣缴方式。

第一百零七条 企业所得税法第三十九条所称所得发生地，是指依照本条例第七条规定的原则确定的所得发生地。在中国境内存在多处所得发生地的，由纳税人选择其中之一申报缴纳企业所得税。

第一百零八条 企业所得税法第三十九条所称该纳税人在中国境内其他收入，是指该纳税人在中国境内取得的其他各种来源的收入。

税务机关在追缴该纳税人应纳税款时，应当将追缴理由、追缴数额、缴纳期限和缴纳方式等告知该纳税人。

第六章 特别纳税调整

第一百零九条 企业所得税法第四十一条所称关联方，是指与企业有下列关联关系之一的企业、其他组织或者个人：

（一）在资金、经营、购销等方面存在直接或者间接的控制关系；

（二）直接或者间接地同为第三者控制；

（三）在利益上具有相关联的其他关系。

第一百一十条 企业所得税法第四十一条所称独立交易原则，是指没有关联关系的交易各方，按照公平成交价格和营业常规进行业务往来遵循的原则。

第一百一十一条 企业所得税法第四十一条所称合理方法，包括：

（一）可比非受控价格法，是指按照没有关联关系的交易各方进行相同或者类似业务往来的价格进行定价的方法；

（二）再销售价格法，是指按照从关联方购进商品再销售给没有关联关系的交易方的价格，减除相同或者类似业务的销售毛利进行定价的方法；

（三）成本加成法，是指按照成本加合理的费用和利润进行定价的方法；

（四）交易净利润法，是指按照没有关联关系的交易各方进行相同或者类似业务往来取得的净利润水平确定利润的方法；

（五）利润分割法，是指将企业与其关联方的合并利润或者亏损在各方之间采用合理标准进行分配的方法；

（六）其他符合独立交易原则的方法。

第一百一十二条 企业可以依照企业所得税法第四十一条第二款的规定，按照独立交易原则与其关联方分摊共同发生的成本，达成成本分摊协议。

企业与其关联方分摊成本时，应当按照成本与预期收益相配比的原则进行分摊，并在税务机关规定的期限内，按照税务机关的要求报送有关资料。

企业与其关联方分摊成本时违反本条第一款、第二款规定的，其自行分摊的成本不得在计算应纳税所得额时扣除。

第一百一十三条 企业所得税法第四十二条所称预约定价安排，是指企业就其未来年度关联交易的定价原则和计算方法，向税务机关提出申请，与税务机关按照独立交易原则协商、确认后达成的协议。

第一百一十四条 企业所得税法第四十三条所称相关资料，包括：

（一）与关联业务往来有关的价格、费用的制定标准、计算方法和说明等同期资料；

（二）关联业务往来所涉及的财产、财产使用权、劳务等的再销售（转让）价格或者最终销售（转让）价格的相关资料；

（三）与关联业务调查有关的其他企业应当提供的与被调查企业可比的产品价格、定价方式以及利润水平等资料；

（四）其他与关联业务往来有关的资料。

企业所得税法第四十三条所称与关联业务调查有关的其他企业，是指与被调查企业在生产经营内容和方式上相类似的企业。

企业应当在税务机关规定的期限内提供与关联业务往来有关的价格、费用的制定标准、计算方法和说明等资料。关联方以及与关联业务调查有关的其他企业应当在税务机关与其约定的期限内提供相关资料。

第一百一十五条　税务机关依照企业所得税法第四十四条的规定核定企业的应纳税所得额时，可以采用下列方法：

（一）参照同类或者类似企业的利润率水平核定；

（二）按照企业成本加合理的费用和利润的方法核定；

（三）按照关联企业集团整体利润的合理比例核定；

（四）按照其他合理方法核定。

企业对税务机关按照前款规定的方法核定的应纳税所得额有异议的，应当提供相关证据，经税务机关认定后，调整核定的应纳税所得额。

第一百一十六条　企业所得税法第四十五条所称中国居民，是指根据《中华人民共和国个人所得税法》的规定，就其从中国境内、境外取得的所得在中国缴纳个人所得税的个人。

第一百一十七条　企业所得税法第四十五条所称控制，包括：

（一）居民企业或者中国居民直接或者间接单一持有外国企业10%以上有表决权股份，且由其共同持有该外国企业50%以上股份；

（二）居民企业，或者居民企业和中国居民持股比例没有达到第（一）项规定的标准，但在股份、资金、经营、购销等方面对该外国企业构成实质控制。

第一百一十八条 企业所得税法第四十五条所称实际税负明显低于企业所得税法第四条第一款规定税率水平，是指低于企业所得税法第四条第一款规定税率的50%。

第一百一十九条 企业所得税法第四十六条所称债权性投资，是指企业直接或者间接从关联方获得的，需要偿还本金和支付利息或者需要以其他具有支付利息性质的方式予以补偿的融资。

企业间接从关联方获得的债权性投资，包括：

（一）关联方通过无关联第三方提供的债权性投资；

（二）无关联第三方提供的、由关联方担保且负有连带责任的债权性投资；

（三）其他间接从关联方获得的具有负债实质的债权性投资。

企业所得税法第四十六条所称权益性投资，是指企业接受的不需要偿还本金和支付利息，投资人对企业净资产拥有所有权的投资。

企业所得税法第四十六条所称标准，由国务院财政、税务主管部门另行规定。

第一百二十条 企业所得税法第四十七条所称不具有合理商业目的，是指以减少、免除或者推迟缴纳税款为主要目的。

第一百二十一条 税务机关根据税收法律、行政法规的规定，对企业作出特别纳税调整的，应当对补征的税款，自税款所属纳税年度的次年6月1日起至补缴税款之日止的期间，按日加收利息。

前款规定加收的利息，不得在计算应纳税所得额时扣除。

第一百二十二条 企业所得税法第四十八条所称利息，应当按照税款所属纳税年度中国人民银行公布的与补税期间同期的人民币贷款基准利率加5个百分点计算。

企业依照企业所得税法第四十三条和本条例的规定提供有关资料的,可以只按前款规定的人民币贷款基准利率计算利息。

第一百二十三条 企业与其关联方之间的业务往来,不符合独立交易原则,或者企业实施其他不具有合理商业目的的安排的,税务机关有权在该业务发生的纳税年度起10年内,进行纳税调整。

第七章 征收管理

第一百二十四条 企业所得税法第五十条所称企业登记注册地,是指企业依照国家有关规定登记注册的住所地。

第一百二十五条 企业汇总计算并缴纳企业所得税时,应当统一核算应纳税所得额,具体办法由国务院财政、税务主管部门另行制定。

第一百二十六条 企业所得税法第五十一条所称主要机构、场所,应当同时符合下列条件:

(一)对其他各机构、场所的生产经营活动负有监督管理责任;

(二)设有完整的账簿、凭证,能够准确反映各机构、场所的收入、成本、费用和盈亏情况。

第一百二十七条 企业所得税分月或者分季预缴,由税务机关具体核定。

企业根据企业所得税法第五十四条规定分月或者分季预缴企业所得税时,应当按照月度或者季度的实际利润额预缴;按照月度或者季度的实际利润额预缴有困难的,可以按照上一纳税年度应纳税所得额的月度或者季度平均额预缴,或者按照经税务机关认可的其他方法预缴。预缴方法一经确定,该纳税年度内不得随意变更。

第一百二十八条　企业在纳税年度内无论盈利或者亏损,都应当依照企业所得税法第五十四条规定的期限,向税务机关报送预缴企业所得税纳税申报表、年度企业所得税纳税申报表、财务会计报告和税务机关规定应当报送的其他有关资料。

第一百二十九条　企业所得以人民币以外的货币计算的,预缴企业所得税时,应当按照月度或者季度最后一日的人民币汇率中间价,折合成人民币计算应纳税所得额。年度终了汇算清缴时,对已经按照月度或者季度预缴税款的,不再重新折合计算,只就该纳税年度内未缴纳企业所得税的部分,按照纳税年度最后一日的人民币汇率中间价,折合成人民币计算应纳税所得额。

经税务机关检查确认,企业少计或者多计前款规定的所得的,应当按照检查确认补税或者退税时的上一个月最后一日的人民币汇率中间价,将少计或者多计的所得折合成人民币计算应纳税所得额,再计算应补缴或者应退的税款。

第八章　附　　则

第一百三十条　企业所得税法第五十七条第一款所称本法公布前已经批准设立的企业,是指企业所得税法公布前已经完成登记注册的企业。

第一百三十一条　在香港特别行政区、澳门特别行政区和台湾地区成立的企业,参照适用企业所得税法第二条第二款、第三款的有关规定。

第一百三十二条　本条例自 2008 年 1 月 1 日起施行。1991 年 6 月 30 日国务院发布的《中华人民共和国外商投资企业和外国企业所得税法实施细则》和1994年2月4日财政部发布的《中华人民共和国企业所得税暂行条例实施细则》同时废止。

中华人民共和国税收征收管理法

（1992年9月4日第七届全国人民代表大会常务委员会第二十七次会议通过　根据1995年2月28日第八届全国人民代表大会常务委员会第十二次会议《关于修改〈中华人民共和国税收征收管理法〉的决定》第一次修正　2001年4月28日第九届全国人民代表大会常务委员会第二十一次会议修订　根据2013年6月29日第十二届全国人民代表大会常务委员会第三次会议《关于修改〈中华人民共和国文物保护法〉等十二部法律的决定》第二次修正　根据2015年4月24日第十二届全国人民代表大会常务委员会第十四次会议《关于修改〈中华人民共和国港口法〉等七部法律的决定》第三次修正）

目　　录

第一章　总　　则

第一条　为了加强税收征收管理，规范税收征收和缴纳行为，保障国家税收收入，保护纳税人的合法权益，促进经济和社会发展，制定本法。

第二条　凡依法由税务机关征收的各种税收的征收管理，均适用本法。

第三条　税收的开征、停征以及减税、免税、退税、补税，依照法律的规定执行；法律授权国务院规定的，依照国务院制定的行政法规的规定执行。

任何机关、单位和个人不得违反法律、行政法规的规定，擅自作出税收开征、停征以及减税、免税、退税、补税和其他同税收法律、行政法规相抵触的决定。

第四条　法律、行政法规规定负有纳税义务的单位和个人为纳税人。

法律、行政法规规定负有代扣代缴、代收代缴税款义务的单位和个人为扣缴义务人。

纳税人、扣缴义务人必须依照法律、行政法规的规定缴纳税款、代扣代缴、代收代缴税款。

第五条　国务院税务主管部门主管全国税收征收管理工作。各地国家税务局和地方税务局应当按照国务院规定的税收征收管理范围分别进行征收管理。

地方各级人民政府应当依法加强对本行政区域内税收征收管

理工作的领导或者协调，支持税务机关依法执行职务，依照法定税率计算税额，依法征收税款。

各有关部门和单位应当支持、协助税务机关依法执行职务。

税务机关依法执行职务，任何单位和个人不得阻挠。

第六条 国家有计划地用现代信息技术装备各级税务机关，加强税收征收管理信息系统的现代化建设，建立、健全税务机关与政府其他管理机关的信息共享制度。

纳税人、扣缴义务人和其他有关单位应当按照国家有关规定如实向税务机关提供与纳税和代扣代缴、代收代缴税款有关的信息。

第七条 税务机关应当广泛宣传税收法律、行政法规，普及纳税知识，无偿地为纳税人提供纳税咨询服务。

第八条 纳税人、扣缴义务人有权向税务机关了解国家税收法律、行政法规的规定以及与纳税程序有关的情况。

纳税人、扣缴义务人有权要求税务机关为纳税人、扣缴义务人的情况保密。税务机关应当依法为纳税人、扣缴义务人的情况保密。

纳税人依法享有申请减税、免税、退税的权利。

纳税人、扣缴义务人对税务机关所作出的决定，享有陈述权、申辩权；依法享有申请行政复议、提起行政诉讼、请求国家赔偿等权利。

纳税人、扣缴义务人有权控告和检举税务机关、税务人员的违法违纪行为。

第九条 税务机关应当加强队伍建设，提高税务人员的政治业务素质。

税务机关、税务人员必须秉公执法，忠于职守，清正廉洁，礼貌待人，文明服务，尊重和保护纳税人、扣缴义务人的权利，依法接受监督。

税务人员不得索贿受贿、徇私舞弊、玩忽职守、不征或者少征应征税款;不得滥用职权多征税款或者故意刁难纳税人和扣缴义务人。

第十条 各级税务机关应当建立、健全内部制约和监督管理制度。

上级税务机关应当对下级税务机关的执法活动依法进行监督。

各级税务机关应当对其工作人员执行法律、行政法规和廉洁自律准则的情况进行监督检查。

第十一条 税务机关负责征收、管理、稽查、行政复议的人员的职责应当明确,并相互分离、相互制约。

第十二条 税务人员征收税款和查处税收违法案件,与纳税人、扣缴义务人或者税收违法案件有利害关系的,应当回避。

第十三条 任何单位和个人都有权检举违反税收法律、行政法规的行为。收到检举的机关和负责查处的机关应当为检举人保密。税务机关应当按照规定对检举人给予奖励。

第十四条 本法所称税务机关是指各级税务局、税务分局、税务所和按照国务院规定设立的并向社会公告的税务机构。

第二章 税务管理

第一节 税务登记

第十五条 企业,企业在外地设立的分支机构和从事生产、经营的场所,个体工商户和从事生产、经营的事业单位(以下统称从事生产、经营的纳税人)自领取营业执照之日起三十日内,持有关证件，向税务机关申报办理税务登记。税务机关应当于收到申报的当日办理登记并发给税务登记证件。

工商行政管理机关应当将办理登记注册、核发营业执照的情况，定期向税务机关通报。

本条第一款规定以外的纳税人办理税务登记和扣缴义务人办理扣缴税款登记的范围和办法，由国务院规定。

第十六条 从事生产、经营的纳税人，税务登记内容发生变化的，自工商行政管理机关办理变更登记之日起三十日内或者在向工商行政管理机关申请办理注销登记之前，持有关证件向税务机关申报办理变更或者注销税务登记。

第十七条 从事生产、经营的纳税人应当按照国家有关规定，持税务登记证件，在银行或者其他金融机构开立基本存款帐户和其他存款帐户，并将其全部帐号向税务机关报告。

银行和其他金融机构应当在从事生产、经营的纳税人的帐户中登录税务登记证件号码，并在税务登记证件中登录从事生产、经营的纳税人的帐户帐号。

税务机关依法查询从事生产、经营的纳税人开立帐户的情况时，有关银行和其他金融机构应当予以协助。

第十八条 纳税人按照国务院税务主管部门的规定使用税务登记证件。税务登记证件不得转借、涂改、损毁、买卖或者伪造。

第二节 帐簿、凭证管理

第十九条 纳税人、扣缴义务人按照有关法律、行政法规和国务院财政、税务主管部门的规定设置帐簿，根据合法、有效凭证记帐，进行核算。

第二十条　从事生产、经营的纳税人的财务、会计制度或者财务、会计处理办法和会计核算软件，应当报送税务机关备案。

纳税人、扣缴义务人的财务、会计制度或者财务、会计处理办法与国务院或者国务院财政、税务主管部门有关税收的规定抵触的，依照国务院或者国务院财政、税务主管部门有关税收的规定计算应纳税款、代扣代缴和代收代缴税款。

第二十一条　税务机关是发票的主管机关，负责发票印制、领购、开具、取得、保管、缴销的管理和监督。

单位、个人在购销商品、提供或者接受经营服务以及从事其他经营活动中，应当按照规定开具、使用、取得发票。

发票的管理办法由国务院规定。

第二十二条　增值税专用发票由国务院税务主管部门指定的企业印制；其他发票，按照国务院税务主管部门的规定，分别由省、自治区、直辖市国家税务局、地方税务局指定企业印制。

未经前款规定的税务机关指定，不得印制发票。

第二十三条　国家根据税收征收管理的需要，积极推广使用税控装置。纳税人应当按照规定安装、使用税控装置，不得损毁或者擅自改动税控装置。

第二十四条　从事生产、经营的纳税人、扣缴义务人必须按照国务院财政、税务主管部门规定的保管期限保管帐簿、记帐凭证、完税凭证及其他有关资料。

帐簿、记帐凭证、完税凭证及其他有关资料不得伪造、变造或者擅自损毁。

第三节　纳 税 申 报

第二十五条　纳税人必须依照法律、行政法规规定或者税务机关依照法律、行政法规的规定确定的申报期限、申报内容如实办理纳税申报，报送纳税申报表、财务会计报表以及税务机关根据实际需要要求纳税人报送的其他纳税资料。

扣缴义务人必须依照法律、行政法规规定或者税务机关依照法律、行政法规的规定确定的申报期限、申报内容如实报送代扣代缴、代收代缴税款报告表以及税务机关根据实际需要要求扣缴义务人报送的其他有关资料。

第二十六条 纳税人、扣缴义务人可以直接到税务机关办理纳税申报或者报送代扣代缴、代收代缴税款报告表，也可以按照规定采取邮寄、数据电文或者其他方式办理上述申报、报送事项。

第二十七条 纳税人、扣缴义务人不能按期办理纳税申报或者报送代扣代缴、代收代缴税款报告表的，经税务机关核准，可以延期申报。

经核准延期办理前款规定的申报、报送事项的，应当在纳税期内按照上期实际缴纳的税额或者税务机关核定的税额预缴税款，并在核准的延期内办理税款结算。

第三章 税款征收

第二十八条 税务机关依照法律、行政法规的规定征收税款，不得违反法律、行政法规的规定开征、停征、多征、少征、提前征收、延缓征收或者摊派税款。

农业税应纳税额按照法律、行政法规的规定核定。

第二十九条 除税务机关、税务人员以及经税务机关依照法律、行政法规委托的单位和人员外，任何单位和个人不得进行税款征收活动。

第三十条 扣缴义务人依照法律、行政法规的规定履行代扣、代收税款的义务。对法律、行政法规没有规定负有代扣、代收税款义务的单位和个人,税务机关不得要求其履行代扣、代收税款义务。

扣缴义务人依法履行代扣、代收税款义务时,纳税人不得拒绝。纳税人拒绝的,扣缴义务人应当及时报告税务机关处理。

税务机关按照规定付给扣缴义务人代扣、代收手续费。

第三十一条 纳税人、扣缴义务人按照法律、行政法规规定或者税务机关依照法律、行政法规的规定确定的期限,缴纳或者解缴税款。

纳税人因有特殊困难,不能按期缴纳税款的,经省、自治区、直辖市国家税务局、地方税务局批准,可以延期缴纳税款,但是最长不得超过三个月。

第三十二条 纳税人未按照规定期限缴纳税款的,扣缴义务人未按照规定期限解缴税款的,税务机关除责令限期缴纳外,从滞纳税款之日起,按日加收滞纳税款万分之五的滞纳金。

第三十三条 纳税人依照法律、行政法规的规定办理减税、免税。

地方各级人民政府、各级人民政府主管部门、单位和个人违反法律、行政法规规定,擅自作出的减税、免税决定无效,税务机关不得执行,并向上级税务机关报告。

第三十四条 税务机关征收税款时,必须给纳税人开具完税凭证。扣缴义务人代扣、代收税款时,纳税人要求扣缴义务人开具代扣、代收税款凭证的,扣缴义务人应当开具。

第三十五条 纳税人有下列情形之一的,税务机关有权核定其应纳税额:

（一）依照法律、行政法规的规定可以不设置帐簿的；

（二）依照法律、行政法规的规定应当设置帐簿但未设置的；

（三）擅自销毁帐簿或者拒不提供纳税资料的；

（四）虽设置帐簿，但帐目混乱或者成本资料、收入凭证、费用凭证残缺不全，难以查帐的；

（五）发生纳税义务，未按照规定的期限办理纳税申报，经税务机关责令限期申报，逾期仍不申报的；

（六）纳税人申报的计税依据明显偏低，又无正当理由的。

税务机关核定应纳税额的具体程序和方法由国务院税务主管部门规定。

第三十六条 企业或者外国企业在中国境内设立的从事生产、经营的机构、场所与其关联企业之间的业务往来，应当按照独立企业之间的业务往来收取或者支付价款、费用；不按照独立企业之间的业务往来收取或者支付价款、费用，而减少其应纳税的收入或者所得额的，税务机关有权进行合理调整。

第三十七条 对未按照规定办理税务登记的从事生产、经营的纳税人以及临时从事经营的纳税人，由税务机关核定其应纳税额，责令缴纳；不缴纳的，税务机关可以扣押其价值相当于应纳税款的商品、货物。扣押后缴纳应纳税款的，税务机关必须立即解除扣押，并归还所扣押的商品、货物；扣押后仍不缴纳应纳税款的，经县以上税务局（分局）局长批准，依法拍卖或者变卖所扣押的商品、货物，以拍卖或者变卖所得抵缴税款。

第三十八条 税务机关有根据认为从事生产、经营的纳税人有逃避纳税义务行为的，可以在规定的纳税期之前，责令限期缴纳应纳税款；在限期内发现纳税人有明显的转移、隐匿其应纳税的商品、货物以及其他财产或者应纳税的收入的迹象的，税务机关可以责成纳税人提供纳税担保。如果纳税人不能提供纳税担保，经县以上税务局（分局）局长批准，税务机关可以采取下列税收保全措施：

（一）书面通知纳税人开户银行或者其他金融机构冻结纳税人的金额相当于应纳税款的存款；

（二）扣押、查封纳税人的价值相当于应纳税款的商品、货物或者其他财产。

纳税人在前款规定的限期内缴纳税款的，税务机关必须立即解除税收保全措施；限期期满仍未缴纳税款的，经县以上税务局（分局）局长批准，税务机关可以书面通知纳税人开户银行或者其他金融机构从其冻结的存款中扣缴税款，或者依法拍卖或者变卖所扣押、查封的商品、货物或者其他财产，以拍卖或者变卖所得抵缴税款。

个人及其所扶养家属维持生活必需的住房和用品，不在税收保全措施的范围之内。

第三十九条 纳税人在限期内已缴纳税款，税务机关未立即解除税收保全措施，使纳税人的合法利益遭受损失的，税务机关应当承担赔偿责任。

第四十条 从事生产、经营的纳税人、扣缴义务人未按照规定的期限缴纳或者解缴税款，纳税担保人未按照规定的期限缴纳所担保的税款，由税务机关责令限期缴纳，逾期仍未缴纳的，经县以上税务局（分局）局长批准，税务机关可以采取下列强制执行措施：

（一）书面通知其开户银行或者其他金融机构从其存款中扣缴税款；

（二）扣押、查封、依法拍卖或者变卖其价值相当于应纳税款的商品、货物或者其他财产，以拍卖或者变卖所得抵缴税款。

税务机关采取强制执行措施时，对前款所列纳税人、扣缴义务人、纳税担保人未缴纳的滞纳金同时强制执行。

个人及其所扶养家属维持生活必需的住房和用品，不在强制执行措施的范围之内。

第四十一条 本法第三十七条、第三十八条、第四十条规定的采取税收保全措施、强制执行措施的权力，不得由法定的税务机关以外的单位和个人行使。

第四十二条 税务机关采取税收保全措施和强制执行措施必须依照法定权限和法定程序，不得查封、扣押纳税人个人及其所扶养家属维持生活必需的住房和用品。

第四十三条 税务机关滥用职权违法采取税收保全措施、强制执行措施，或者采取税收保全措施、强制执行措施不当，使纳税人、扣缴义务人或者纳税担保人的合法权益遭受损失的，应当依法承担赔偿责任。

第四十四条 欠缴税款的纳税人或者他的法定代表人需要出境的，应当在出境前向税务机关结清应纳税款、滞纳金或者提供担保。未结清税款、滞纳金，又不提供担保的，税务机关可以通知出境管理机关阻止其出境。

第四十五条 税务机关征收税款，税收优先于无担保债权，法律另有规定的除外；纳税人欠缴的税款发生在纳税人以其财产设定抵押、质押或者纳税人的财产被留置之前的，税收应当先于抵押权、质权、留置权执行。

纳税人欠缴税款，同时又被行政机关决定处以罚款、没收违法所得的，税收优先于罚款、没收违法所得。

税务机关应当对纳税人欠缴税款的情况定期予以公告。

第四十六条 纳税人有欠税情形而以其财产设定抵押、质押的，应当向抵押权人、质权人说明其欠税情况。抵押权人、质权人可以请求税务机关提供有关的欠税情况。

第四十七条 税务机关扣押商品、货物或者其他财产时，必须开付收据；查封商品、货物或者其他财产时，必须开付清单。

第四十八条 纳税人有合并、分立情形的，应当向税务机关报告，并依法缴清税款。纳税人合并时未缴清税款的，应当由合并后的纳税人继续履行未履行的纳税义务；纳税人分立时未缴清税款的，分立后的纳税人对未履行的纳税义务应当承担连带责任。

第四十九条 欠缴税款数额较大的纳税人在处分其不动产或者大额资产之前，应当向税务机关报告。

第五十条 欠缴税款的纳税人因怠于行使到期债权，或者放弃到期债权，或者无偿转让财产，或者以明显不合理的低价转让财产而受让人知道该情形，对国家税收造成损害的，税务机关可以依照合同法第七十三条、第七十四条的规定行使代位权、撤销权。

税务机关依照前款规定行使代位权、撤销权的，不免除欠缴税款的纳税人尚未履行的纳税义务和应承担的法律责任。

第五十一条 纳税人超过应纳税额缴纳的税款，税务机关发现后应当立即退还；纳税人自结算缴纳税款之日起三年内发现的，可以向税务机关要求退还多缴的税款并加算银行同期存款利息，税务机关及时查实后应当立即退还；涉及从国库中退库的，依照法律、行政法规有关国库管理的规定退还。

第五十二条 因税务机关的责任，致使纳税人、扣缴义务人未缴或者少缴税款的，税务机关在三年内可以要求纳税人、扣缴义务人补缴税款，但是不得加收滞纳金。

因纳税人、扣缴义务人计算错误等失误，未缴或者少缴税款的,税务机关在三年内可以追征税款、滞纳金;有特殊情况的,追征期可以延长到五年。

对偷税、抗税、骗税的,税务机关追征其未缴或者少缴的税款、滞纳金或者所骗取的税款,不受前款规定期限的限制。

第五十三条 国家税务局和地方税务局应当按照国家规定的税收征收管理范围和税款入库预算级次,将征收的税款缴入国库。

对审计机关、财政机关依法查出的税收违法行为,税务机关应当根据有关机关的决定、意见书,依法将应收的税款、滞纳金按照税款入库预算级次缴入国库,并将结果及时回复有关机关。

第四章 税务检查

第五十四条 税务机关有权进行下列税务检查:

(一)检查纳税人的帐簿、记帐凭证、报表和有关资料,检查扣缴义务人代扣代缴、代收代缴税款帐簿、记帐凭证和有关资料;

(二)到纳税人的生产、经营场所和货物存放地检查纳税人应纳税的商品、货物或者其他财产,检查扣缴义务人与代扣代缴、代收代缴税款有关的经营情况;

(三)责成纳税人、扣缴义务人提供与纳税或者代扣代缴、代收代缴税款有关的文件、证明材料和有关资料;

(四)询问纳税人、扣缴义务人与纳税或者代扣代缴、代收代缴税款有关的问题和情况;

(五)到车站、码头、机场、邮政企业及其分支机构检查纳税人托运、邮寄应纳税商品、货物或者其他财产的有关单据、凭证和有关资料;

(六)经县以上税务局(分局)局长批准,凭全国统一格式的检查存款帐户许可证明，查询从事生产、经营的纳税人、扣缴义务人在银行或者其他金融机构的存款帐户。税务机关在调查税收违法案件时，经设区的市、自治州以上税务局（分局）局长批准，可以查询案件涉嫌人员的储蓄存款。税务机关查询所获得的资料，不得用于税收以外的用途。

第五十五条　税务机关对从事生产、经营的纳税人以前纳税期的纳税情况依法进行税务检查时，发现纳税人有逃避纳税义务行为，并有明显的转移、隐匿其应纳税的商品、货物以及其他财产或者应纳税的收入的迹象的，可以按照本法规定的批准权限采取税收保全措施或者强制执行措施。

第五十六条　纳税人、扣缴义务人必须接受税务机关依法进行的税务检查，如实反映情况，提供有关资料，不得拒绝、隐瞒。

第五十七条　税务机关依法进行税务检查时，有权向有关单位和个人调查纳税人、扣缴义务人和其他当事人与纳税或者代扣代缴、代收代缴税款有关的情况，有关单位和个人有义务向税务机关如实提供有关资料及证明材料。

第五十八条　税务机关调查税务违法案件时，对与案件有关的情况和资料，可以记录、录音、录像、照相和复制。

第五十九条　税务机关派出的人员进行税务检查时，应当出示税务检查证和税务检查通知书，并有责任为被检查人保守秘密；未出示税务检查证和税务检查通知书的，被检查人有权拒绝检查。

第五章　法律责任

第六十条　纳税人有下列行为之一的，由税务机关责令限期改正，可以处二千元以下的罚款；情节严重的，处二千元以上一万元以下的罚款：

（一）未按照规定的期限申报办理税务登记、变更或者注销登记的；

（二）未按照规定设置、保管帐簿或者保管记帐凭证和有关资料的；

（三）未按照规定将财务、会计制度或者财务、会计处理办法和会计核算软件报送税务机关备查的；

（四）未按照规定将其全部银行帐号向税务机关报告的；

（五）未按照规定安装、使用税控装置，或者损毁或者擅自改动税控装置的。

纳税人不办理税务登记的，由税务机关责令限期改正；逾期不改正的，经税务机关提请，由工商行政管理机关吊销其营业执照。

纳税人未按照规定使用税务登记证件，或者转借、涂改、损毁、买卖、伪造税务登记证件的，处二千元以上一万元以下的罚款；情节严重的，处一万元以上五万元以下的罚款。

第六十一条　扣缴义务人未按照规定设置、保管代扣代缴、代收代缴税款帐簿或者保管代扣代缴、代收代缴税款记帐凭证及有关资料的，由税务机关责令限期改正，可以处二千元以下的罚款；情节严重的，处二千元以上五千元以下的罚款。

第六十二条　纳税人未按照规定的期限办理纳税申报和报送纳税资料的，或者扣缴义务人未按照规定的期限向税务机关报送代扣代缴、代收代缴税款报告表和有关资料的，由税务机关责令限期改正，可以处二千元以下的罚款；情节严重的，可以处二千元以上一万元以下的罚款。

第六十三条　纳税人伪造、变造、隐匿、擅自销毁帐簿、记帐凭证，或者在帐簿上多列支出或者不列、少列收入，或者经税务机关通知申报而拒不申报或者进行虚假的纳税申报，不缴或者少缴应纳税款的，是偷税。对纳税人偷税的，由税务机关追缴其不缴或者少缴的税款、滞纳金，并处不缴或者少缴的税款百分之五十以上五倍以下的罚款；构成犯罪的，依法追究刑事责任。

扣缴义务人采取前款所列手段，不缴或者少缴已扣、已收税款，由税务机关追缴其不缴或者少缴的税款、滞纳金，并处不缴或者少缴的税款百分之五十以上五倍以下的罚款；构成犯罪的，依法追究刑事责任。

第六十四条 纳税人、扣缴义务人编造虚假计税依据的，由税务机关责令限期改正，并处五万元以下的罚款。

纳税人不进行纳税申报，不缴或者少缴应纳税款的，由税务机关追缴其不缴或者少缴的税款、滞纳金，并处不缴或者少缴的税款百分之五十以上五倍以下的罚款。

第六十五条 纳税人欠缴应纳税款，采取转移或者隐匿财产的手段，妨碍税务机关追缴欠缴的税款的，由税务机关追缴欠缴的税款、滞纳金，并处欠缴税款百分之五十以上五倍以下的罚款；构成犯罪的，依法追究刑事责任。

第六十六条 以假报出口或者其他欺骗手段，骗取国家出口退税款的，由税务机关追缴其骗取的退税款，并处骗取税款一倍以上五倍以下的罚款；构成犯罪的，依法追究刑事责任。

对骗取国家出口退税款的，税务机关可以在规定期间内停止为其办理出口退税。

第六十七条 以暴力、威胁方法拒不缴纳税款的，是抗税，除由税务机关追缴其拒缴的税款、滞纳金外，依法追究刑事责任。情节轻微，未构成犯罪的，由税务机关追缴其拒缴的税款、滞纳金，并处拒缴税款一倍以上五倍以下的罚款。

第六十八条　纳税人、扣缴义务人在规定期限内不缴或者少缴应纳或者应解缴的税款，经税务机关责令限期缴纳，逾期仍未缴纳的，税务机关除依照本法第四十条的规定采取强制执行措施追缴其不缴或者少缴的税款外，可以处不缴或者少缴的税款百分之五十以上五倍以下的罚款。

第六十九条　扣缴义务人应扣未扣、应收而不收税款的，由税务机关向纳税人追缴税款，对扣缴义务人处应扣未扣、应收未收税款百分之五十以上三倍以下的罚款。

第七十条　纳税人、扣缴义务人逃避、拒绝或者以其他方式阻挠税务机关检查的，由税务机关责令改正，可以处一万元以下的罚款；情节严重的，处一万元以上五万元以下的罚款。

第七十一条　违反本法第二十二条规定，非法印制发票的，由税务机关销毁非法印制的发票，没收违法所得和作案工具，并处一万元以上五万元以下的罚款；构成犯罪的，依法追究刑事责任。

第七十二条　从事生产、经营的纳税人、扣缴义务人有本法规定的税收违法行为，拒不接受税务机关处理的，税务机关可以收缴其发票或者停止向其发售发票。

第七十三条　纳税人、扣缴义务人的开户银行或者其他金融机构拒绝接受税务机关依法检查纳税人、扣缴义务人存款帐户，或者拒绝执行税务机关作出的冻结存款或者扣缴税款的决定，或者在接到税务机关的书面通知后帮助纳税人、扣缴义务人转移存款，造成税款流失的，由税务机关处十万元以上五十万元以下的罚款，对直接负责的主管人员和其他直接责任人员处一千元以上一万元以下的罚款。

第七十四条　本法规定的行政处罚，罚款额在二千元以下的，可以由税务所决定。

第七十五条　税务机关和司法机关的涉税罚没收入，应当按照税款入库预算级次上缴国库。

第七十六条　税务机关违反规定擅自改变税收征收管理范围和税款入库预算级次的，责令限期改正，对直接负责的主管人员和其他直接责任人员依法给予降级或者撤职的行政处分。

第七十七条　纳税人、扣缴义务人有本法第六十三条、第六十五条、第六十六条、第六十七条、第七十一条规定的行为涉嫌犯罪的，税务机关应当依法移交司法机关追究刑事责任。

税务人员徇私舞弊，对依法应当移交司法机关追究刑事责任的不移交，情节严重的，依法追究刑事责任。

第七十八条　未经税务机关依法委托征收税款的，责令退还收取的财物，依法给予行政处分或者行政处罚；致使他人合法权益受到损失的，依法承担赔偿责任；构成犯罪的，依法追究刑事责任。

第七十九条　税务机关、税务人员查封、扣押纳税人个人及其所扶养家属维持生活必需的住房和用品的，责令退还，依法给予行政处分；构成犯罪的，依法追究刑事责任。

第八十条　税务人员与纳税人、扣缴义务人勾结，唆使或者协助纳税人、扣缴义务人有本法第六十三条、第六十五条、第六十六条规定的行为，构成犯罪的，依法追究刑事责任；尚不构成犯罪的，依法给予行政处分。

第八十一条　税务人员利用职务上的便利，收受或者索取纳税人、扣缴义务人财物或者谋取其他不正当利益，构成犯罪的，依法追究刑事责任；尚不构成犯罪的，依法给予行政处分。

第八十二条　税务人员徇私舞弊或者玩忽职守，不征或者少征应征税款，致使国家税收遭受重大损失，构成犯罪的，依法追究刑事责任；尚不构成犯罪的，依法给予行政处分。

税务人员滥用职权，故意刁难纳税人、扣缴义务人的，调离税收工作岗位，并依法给予行政处分。

税务人员对控告、检举税收违法违纪行为的纳税人、扣缴义务人以及其他检举人进行打击报复的，依法给予行政处分；构成犯罪的，依法追究刑事责任。

税务人员违反法律、行政法规的规定，故意高估或者低估农业税计税产量，致使多征或者少征税款，侵犯农民合法权益或者损害国家利益，构成犯罪的，依法追究刑事责任；尚不构成犯罪的，依法给予行政处分。

第八十三条　违反法律、行政法规的规定提前征收、延缓征收或者摊派税款的，由其上级机关或者行政监察机关责令改正，对直接负责的主管人员和其他直接责任人员依法给予行政处分。

第八十四条　违反法律、行政法规的规定，擅自作出税收的开征、停征或者减税、免税、退税、补税以及其他同税收法律、行政法规相抵触的决定的，除依照本法规定撤销其擅自作出的决定外，补征应征未征税款，退还不应征收而征收的税款，并由上级机关追究直接负责的主管人员和其他直接责任人员的行政责任；构成犯罪的，依法追究刑事责任。

第八十五条　税务人员在征收税款或者查处税收违法案件时，未按照本法规定进行回避的，对直接负责的主管人员和其他直接责任人员，依法给予行政处分。

第八十六条　违反税收法律、行政法规应当给予行政处罚的行为，在五年内未被发现的，不再给予行政处罚。

第八十七条　未按照本法规定为纳税人、扣缴义务人、检举人保密的，对直接负责的主管人员和其他直接责任人员，由所在单位或者有关单位依法给予行政处分。

第八十八条 纳税人、扣缴义务人、纳税担保人同税务机关在纳税上发生争议时，必须先依照税务机关的纳税决定缴纳或者解缴税款及滞纳金或者提供相应的担保，然后可以依法申请行政复议；对行政复议决定不服的，可以依法向人民法院起诉。

当事人对税务机关的处罚决定、强制执行措施或者税收保全措施不服的，可以依法申请行政复议，也可以依法向人民法院起诉。

当事人对税务机关的处罚决定逾期不申请行政复议也不向人民法院起诉、又不履行的，作出处罚决定的税务机关可以采取本法第四十条规定的强制执行措施，或者申请人民法院强制执行。

第六章 附 则

第八十九条 纳税人、扣缴义务人可以委托税务代理人代为办理税务事宜。

第九十条 耕地占用税、契税、农业税、牧业税征收管理的具体办法，由国务院另行制定。

关税及海关代征税收的征收管理，依照法律、行政法规的有关规定执行。

第九十一条 中华人民共和国同外国缔结的有关税收的条约、协定同本法有不同规定的，依照条约、协定的规定办理。

第九十二条 本法施行前颁布的税收法律与本法有不同规定的，适用本法规定。

第九十三条 国务院根据本法制定实施细则。

第九十四条 本法自 2001 年 5 月 1 日起施行。

企业所得税汇算清缴管理办法

（2009 年 4 月 16 日国家税务总局发布　国税发〔2009〕79 号　根据 2018 年 6 月 15 日国家税务总局公告 2018 年第 31 号《关于修改部分税收规范性文件的公告》修正）

第一条　为加强企业所得税征收管理，进一步规范企业所得税汇算清缴管理工作，根据《中华人民共和国企业所得税法》及其实施条例（以下简称企业所得税法及其实施条例）和《中华人民共和国税收征收管理法》及其实施细则（以下简称税收征管法及其实施细则）的有关规定，制定本办法。

第二条　企业所得税汇算清缴，是指纳税人自纳税年度终了之日起 5 个月内或实际经营终止之日起 60 日内，依照税收法律、法规、规章及其他有关企业所得税的规定，自行计算本纳税年度应纳税所得额和应纳所得税额，根据月度或季度预缴企业所得税的数额，确定该纳税年度应补或者应退税额，并填写企业所得税年度纳税申报表，向主管税务机关办理企业所得税年度纳税申报、提供税务机关要求提供的有关资料、结清全年企业所得税税款的行为。

第三条　凡在纳税年度内从事生产、经营（包括试生产、试经营），或在纳税年度中间终止经营活动的纳税人，无论是否在减税、免税期间，也无论盈利或亏损，均应按照企业所得税法及其实施条例和本办法的有关规定进行企业所得税汇算清缴。

实行核定定额征收企业所得税的纳税人，不进行汇算清缴。

第四条　纳税人应当自纳税年度终了之日起 5 个月内，进行汇算清缴,结清应缴应退企业所得税税款。

纳税人在年度中间发生解散、破产、撤销等终止生产经营情形,需进行企业所得税清算的,应在清算前报告主管税务机关,并自实际经营终止之日起60日内进行汇算清缴,结清应缴应退企业所得税款;纳税人有其他情形依法终止纳税义务的,应当自停止生产、经营之日起60日内,向主管税务机关办理当期企业所得税汇算清缴。

第五条 纳税人12月份或者第四季度的企业所得税预缴纳税申报,应在纳税年度终了后15日内完成,预缴申报后进行当年企业所得税汇算清缴。

第六条 纳税人需要报经税务机关审批、审核或备案的事项,应按有关程序、时限和要求报送材料等有关规定,在办理企业所得税年度纳税申报前及时办理。

第七条 纳税人应当按照企业所得税法及其实施条例和企业所得税的有关规定,正确计算应纳税所得额和应纳所得税额,如实、正确填写企业所得税年度纳税申报表及其附表,完整、及时报送相关资料,并对纳税申报的真实性、准确性和完整性负法律责任。

第八条 纳税人办理企业所得税年度纳税申报时,应如实填写和报送下列有关资料:

(一)企业所得税年度纳税申报表及其附表;

(二)财务报表;

(三)备案事项相关资料;

(四)总机构及分支机构基本情况、分支机构征税方式、分支机构的预缴税情况;

(五)委托中介机构代理纳税申报的,应出具双方签订的代理合同,并附送中介机构出具的包括纳税调整的项目、原因、依据、计算过程、调整金额等内容的报告；

（六）涉及关联方业务往来的，同时报送《中华人民共和国企业年度关联业务往来报告表》；

（七）主管税务机关要求报送的其他有关资料。

纳税人采用电子方式办理企业所得税年度纳税申报的，应按照有关规定保存有关资料或附报纸质纳税申报资料。

第九条 纳税人因不可抗力，不能在汇算清缴期内办理企业所得税年度纳税申报或备齐企业所得税年度纳税申报资料的，应按照税收征管法及其实施细则的规定，申请办理延期纳税申报。

第十条 纳税人在汇算清缴期内发现当年企业所得税申报有误的，可在汇算清缴期内重新办理企业所得税年度纳税申报。

第十一条 纳税人在纳税年度内预缴企业所得税税款少于应缴企业所得税税款的，应在汇算清缴期内结清应补缴的企业所得税税款；预缴税款超过应纳税款的，主管税务机关应及时按有关规定办理退税，或者经纳税人同意后抵缴其下一年度应缴企业所得税税款。

第十二条 纳税人因有特殊困难，不能在汇算清缴期内补缴企业所得税款的，应按照税收征管法及其实施细则的有关规定，办理申请延期缴纳税款手续。

第十三条 实行跨地区经营汇总缴纳企业所得税的纳税人，由统一计算应纳税所得额和应纳所得税额的总机构，按照上述规定，在汇算清缴期内向所在地主管税务机关办理企业所得税年度纳税申报，进行汇算清缴。分支机构不进行汇算清缴，但应将分支机构的营业收支等情况在报总机构统一汇算清缴前报送分支机构所在地主管税务机关。总机构应将分支机构及其所属机构的营业收支纳入总机构汇算清缴等情况报送各分支机构所在地主管税务机关。

第十四条 经批准实行合并缴纳企业所得税的企业集团，由集团母公司（以下简称汇缴企业）在汇算清缴期内，向汇缴企业所在地主管税务机关报送汇缴企业及各个成员企业合并计算填写的企业所得税年度纳税申报表，以及本办法第八条规定的有关资料及各个成员企业的企业所得税年度纳税申报表，统一办理汇缴企业及其成员企业的企业所得税汇算清缴。

汇缴企业应根据汇算清缴的期限要求，自行确定其成员企业向汇缴企业报送本办法第八条规定的有关资料的期限。成员企业向汇缴企业报送的上述资料，应经成员企业所在地的主管税务机关审核。

第十五条 纳税人未按规定期限进行汇算清缴，或者未报送本办法第八条所列资料的，按照税收征管法及其实施细则的有关规定处理。

第十六条 各级税务机关要结合当地实际，对每一纳税年度的汇算清缴工作进行统一安排和组织部署。汇算清缴管理工作由具体负责企业所得税日常管理的部门组织实施。税务机关内部各职能部门应充分协调和配合，共同做好汇算清缴的管理工作。

第十七条 各级税务机关应在汇算清缴开始之前和汇算清缴期间，主动为纳税人提供税收服务。

（一）采用多种形式进行宣传，帮助纳税人了解企业所得税政策、征管制度和办税程序。

（二）积极开展纳税辅导，帮助纳税人知晓汇算清缴范围、时间要求、报送资料及其他应注意的事项。

（三）必要时组织纳税培训，帮助纳税人进行企业所得税自核自缴。

第十八条 主管税务机关应及时向纳税人发放汇算清缴的

表、证、单、书。

第十九条 主管税务机关受理纳税人企业所得税年度纳税申报表及有关资料时,如发现企业未按规定报齐有关资料或填报项目不完整的,应及时告知企业在汇算清缴期内补齐补正。

第二十条 主管税务机关受理纳税人年度纳税申报后,应对纳税人年度纳税申报表的逻辑性和有关资料的完整性、准确性进行审核。审核重点主要包括:

(一)纳税人企业所得税年度纳税申报表及其附表与企业财务报表有关项目的数字是否相符,各项目之间的逻辑关系是否对应,计算是否正确。

(二)纳税人是否按规定弥补以前年度亏损额和结转以后年度待弥补的亏损额。

(三)纳税人是否符合税收优惠条件、税收优惠的确认和申请是否符合规定程序。

(四)纳税人税前扣除的财产损失是否真实、是否符合有关规定程序。跨地区经营汇总缴纳企业所得税的纳税人,其分支机构税前扣除的财产损失是否由分支机构所在地主管税务机关出具证明。

(五)纳税人有无预缴企业所得税的完税凭证,完税凭证上填列的预缴数额是否真实。跨地区经营汇总缴纳企业所得税的纳税人及其所属分支机构预缴的税款是否与《中华人民共和国企业所得税汇总纳税分支机构分配表》中分配的数额一致。

(六)纳税人企业所得税和其他各税种之间的数据是否相符、逻辑关系是否吻合。

第二十一条 主管税务机关应结合纳税人企业所得税预缴情况及日常征管情况,对纳税人报送的企业所得税年度纳税申报表及其附表和其他有关资料进行初步审核后,按规定程序及时办理企业所得税补、退税或抵缴其下一年度应纳所得税款等事项。

第二十二条 税务机关应做好跨地区经营汇总纳税企业和合并纳税企业汇算清缴的协同管理。

（一）总机构和汇缴企业所在地主管税务机关在对企业的汇总或合并纳税申报资料审核时，发现其分支机构或成员企业申报内容有疑点需进一步核实的，应向其分支机构或成员企业所在地主管税务机关发出有关税务事项协查函；该分支机构或成员企业所在地主管税务机关应在要求的时限内就协查事项进行调查核实，并将核查结果函复总机构或汇缴企业所在地主管税务机关。

（二）总机构和汇缴企业所在地主管税务机关收到分支机构或成员企业所在地主管税务机关反馈的核查结果后，应对总机构和汇缴企业申报的应纳税所得额及应纳所得税额作相应调整。

第二十三条 汇算清缴工作结束后，税务机关应组织开展汇算清缴数据分析、纳税评估和检查。纳税评估和检查的对象、内容、方法、程序等按照国家税务总局的有关规定执行。

第二十四条 汇算清缴工作结束后，各级税务机关应认真总结，写出书面总结报告逐级上报。各省、自治区、直辖市和计划单列市税务局应在每年 7 月底前将汇算清缴工作总结报告、年度企业所得税汇总报表报送国家税务总局（所得税司）。总结报告的内容应包括：

（一）汇算清缴工作的基本情况；

（二）企业所得税税源结构的分布情况；

（三）企业所得税收入增减变化及原因；

（四）企业所得税政策和征管制度贯彻落实中存在的问题和改进建议。

第二十五条 本办法适用于企业所得税居民企业纳税人。

第二十六条　各省、自治区、直辖市和计划单列市税务局可根据本办法制定具体实施办法。

第二十七条　本办法自2009年1月1日起执行。《国家税务总局关于印发〈企业所得税汇算清缴管理办法〉的通知》（国税发〔2005〕200号）、《国家税务总局关于印发新修订的〈外商投资企业和外国企业所得税汇算清缴工作规程〉的通知》（国税发〔2003〕12号）和《国家税务总局关于印发新修订的〈外商投资企业和外国企业所得税汇算清缴管理办法〉的通知》（国税发〔2003〕13号）同时废止。

2008年度企业所得税汇算清缴按本办法执行。

第二十八条　本办法由国家税务总局负责解释。

企业所得税税前扣除凭证管理办法

（2018年6月6日国家税务总局公告
2018年第28号公布　自2018年7月1日起施行）

第一条　为规范企业所得税税前扣除凭证（以下简称"税前扣除凭证"）管理，根据《中华人民共和国企业所得税法》（以下简称"企业所得税法"）及其实施条例、《中华人民共和国税收征收管理法》及其实施细则、《中华人民共和国发票管理办法》及其实施细则等规定，制定本办法。

第二条　本办法所称税前扣除凭证，是指企业在计算企业所得税应纳税所得额时，证明与取得收入有关的、合理的支出实际发生，并据以税前扣除的各类凭证。

第三条 本办法所称企业是指企业所得税法及其实施条例规定的居民企业和非居民企业。

第四条 税前扣除凭证在管理中遵循真实性、合法性、关联性原则。真实性是指税前扣除凭证反映的经济业务真实，且支出已经实际发生；合法性是指税前扣除凭证的形式、来源符合国家法律、法规等相关规定；关联性是指税前扣除凭证与其反映的支出相关联且有证明力。

第五条 企业发生支出，应取得税前扣除凭证，作为计算企业所得税应纳税所得额时扣除相关支出的依据。

第六条 企业应在当年度企业所得税法规定的汇算清缴期结束前取得税前扣除凭证。

第七条 企业应将与税前扣除凭证相关的资料，包括合同协议、支出依据、付款凭证等留存备查，以证实税前扣除凭证的真实性。

第八条 税前扣除凭证按照来源分为内部凭证和外部凭证。

内部凭证是指企业自制用于成本、费用、损失和其他支出核算的会计原始凭证。内部凭证的填制和使用应当符合国家会计法律、法规等相关规定。

外部凭证是指企业发生经营活动和其他事项时，从其他单位、个人取得的用于证明其支出发生的凭证，包括但不限于发票（包括纸质发票和电子发票）、财政票据、完税凭证、收款凭证、分割单等。

第九条 企业在境内发生的支出项目属于增值税应税项目（以下简称“应税项目”）的，对方为已办理税务登记的增值税纳税人，其支出以发票（包括按照规定由税务机关代开的发票）作为税前扣除凭证；对方为依法无需办理税务登记的单位或者从事小额零星经营业务的个人，其支出以税务机关代开的发票或者收款凭证及内部凭证作为税前扣除凭证，收款凭证应载明收款单位名称、个人姓名及身份证号、支出项目、收款金额等相关信息。

小额零星经营业务的判断标准是个人从事应税项目经营业务的销售额不超过增值税相关政策规定的起征点。

税务总局对应税项目开具发票另有规定的，以规定的发票或者票据作为税前扣除凭证。

第十条　企业在境内发生的支出项目不属于应税项目的，对方为单位的，以对方开具的发票以外的其他外部凭证作为税前扣除凭证；对方为个人的，以内部凭证作为税前扣除凭证。

企业在境内发生的支出项目虽不属于应税项目，但按税务总局规定可以开具发票的，可以发票作为税前扣除凭证。

第十一条　企业从境外购进货物或者劳务发生的支出，以对方开具的发票或者具有发票性质的收款凭证、相关税费缴纳凭证作为税前扣除凭证。

第十二条　企业取得私自印制、伪造、变造、作废、开票方非法取得、虚开、填写不规范等不符合规定的发票（以下简称“不合规发票”），以及取得不符合国家法律、法规等相关规定的其他外部凭证（以下简称“不合规其他外部凭证”），不得作为税前扣除凭证。

第十三条　企业应当取得而未取得发票、其他外部凭证或者取得不合规发票、不合规其他外部凭证的，若支出真实且已实际发生，应当在当年度汇算清缴期结束前，要求对方补开、换开发票、其他外部凭证。补开、换开后的发票、其他外部凭证符合规定的，可以作为税前扣除凭证。

第十四条　企业在补开、换开发票、其他外部凭证过程中，因对方注销、撤销、依法被吊销营业执照、被税务机关认定为非正常户等特殊原因无法补开、换开发票、其他外部凭证的，可凭以下资料证实支出真实性后，其支出允许税前扣除：

（一）无法补开、换开发票、其他外部凭证原因的证明资料（包括工商注销、机构撤销、列入非正常经营户、破产公告等证明资料）；

（二）相关业务活动的合同或者协议；

（三）采用非现金方式支付的付款凭证；

（四）货物运输的证明资料；

（五）货物入库、出库内部凭证；

（六）企业会计核算记录以及其他资料。

前款第一项至第三项为必备资料。

第十五条 汇算清缴期结束后，税务机关发现企业应当取得而未取得发票、其他外部凭证或者取得不合规发票、不合规其他外部凭证并且告知企业的，企业应当自被告知之日起60日内补开、换开符合规定的发票、其他外部凭证。其中，因对方特殊原因无法补开、换开发票、其他外部凭证的，企业应当按照本办法第十四条的规定，自被告知之日起60日内提供可以证实其支出真实性的相关资料。

第十六条 企业在规定的期限未能补开、换开符合规定的发票、其他外部凭证，并且未能按照本办法第十四条的规定提供相关资料证实其支出真实性的，相应支出不得在发生年度税前扣除。

第十七条 除发生本办法第十五条规定的情形外，企业以前年度应当取得而未取得发票、其他外部凭证，且相应支出在该年度没有税前扣除的，在以后年度取得符合规定的发票、其他外部凭证或者按照本办法第十四条的规定提供可以证实其支出真实性的相关资料，相应支出可以追补至该支出发生年度税前扣除，但追补年限不得超过五年。

第十八条 企业与其他企业（包括关联企业）、个人在境内共同接受应纳增值税劳务（以下简称“应税劳务”）发生的支出，采取分摊方式的，应当按照独立交易原则进行分摊，企业以发票和分割单作为税前扣除凭证，共同接受应税劳务的其他企业以企业开具的分割单作为税前扣除凭证。

企业与其他企业、个人在境内共同接受非应税劳务发生的支出，采取分摊方式的，企业以发票外的其他外部凭证和分割单作为税前扣除凭证，共同接受非应税劳务的其他企业以企业开具的分割单作为税前扣除凭证。

第十九条 企业租用(包括企业作为单一承租方租用)办公、生产用房等资产发生的水、电、燃气、冷气、暖气、通讯线路、有线电视、网络等费用，出租方作为应税项目开具发票的，企业以发票作为税前扣除凭证；出租方采取分摊方式的，企业以出租方开具的其他外部凭证作为税前扣除凭证。

第二十条 本办法自2018年7月1日起施行。

企业所得税核定征收办法(试行)

(2008年3月6日国家税务总局发布 国税发〔2008〕30号 根据2018年6月15日国家税务总局公告2018年第31号《关于修改部分税收规范性文件的公告》修正)

第一条 为了加强企业所得税征收管理，规范核定征收企业所得税工作，保障国家税款及时足额入库，维护纳税人合法权益，根据《中华人民共和国企业所得税法》及其实施条例、《中华人民共和国税收征收管理法》及其实施细则的有关规定，制定本办法。

第二条 本办法适用于居民企业纳税人。

第三条 纳税人具有下列情形之一的，核定征收企业所得税：

(一)依照法律、行政法规的规定可以不设置账簿的;

(二)依照法律、行政法规的规定应当设置但未设置账簿的;

(三)擅自销毁账簿或者拒不提供纳税资料的;

(四)虽设置账簿,但账目混乱或者成本资料、收入凭证、费用凭证残缺不全,难以查账的;

(五)发生纳税义务,未按照规定的期限办理纳税申报,经税务机关责令限期申报,逾期仍不申报的;

(六)申报的计税依据明显偏低,又无正当理由的。

特殊行业、特殊类型的纳税人和一定规模以上的纳税人不适用本办法。上述特定纳税人由国家税务总局另行明确。

第四条　税务机关应根据纳税人具体情况,对核定征收企业所得税的纳税人,核定应税所得率或者核定应纳所得税额。

具有下列情形之一的,核定其应税所得率:

(一)能正确核算(查实)收入总额,但不能正确核算(查实)成本费用总额的;

(二)能正确核算(查实)成本费用总额,但不能正确核算(查实)收入总额的;

(三)通过合理方法,能计算和推定纳税人收入总额或成本费用总额的。

纳税人不属于以上情形的,核定其应纳所得税额。

第五条　税务机关采用下列方法核定征收企业所得税:

(一)参照当地同类行业或者类似行业中经营规模和收入水平相近的纳税人的税负水平核定;

(二)按照应税收入额或成本费用支出额定率核定;

(三)按照耗用的原材料、燃料、动力等推算或测算核定;

(四)按照其他合理方法核定。

采用前款所列一种方法不足以正确核定应纳税所得额或应纳税额的,可以同时采用两种以上的方法核定。采用两种以上方法测算的应纳税额不一致时,可按测算的应纳税额从高核定。

第六条 采用应税所得率方式核定征收企业所得税的,应纳所得税额计算公式如下:

应纳所得税额 = 应纳税所得额 × 适用税率

应纳税所得额 = 应税收入额 × 应税所得率

或:应纳税所得额 = 成本(费用)支出额/(1 - 应税所得率) × 应税所得率

第七条 实行应税所得率方式核定征收企业所得税的纳税人,经营多业的,无论其经营项目是否单独核算,均由税务机关根据其主营项目确定适用的应税所得率。

主营项目应为纳税人所有经营项目中,收入总额或者成本(费用)支出额或者耗用原材料、燃料、动力数量所占比重最大的项目。

第八条 应税所得率按下表规定的幅度标准确定:

行　业	应税所得率(%)
农、林、牧、渔业	3—10
制造业	5—15
批发和零售贸易业	4—15
交通运输业	7—15
建筑业	8—20
饮食业	8—25
娱乐业	15—30
其他行业	10—30

第九条 纳税人的生产经营范围、主营业务发生重大变化,或

者应纳税所得额或应纳税额增减变化达到20%的,应及时向税务机关申报调整已确定的应纳税额或应税所得率。

第十条　主管税务机关应及时向纳税人送达《企业所得税核定征收鉴定表》(表样附后),及时完成对其核定征收企业所得税的鉴定工作。具体程序如下:

(一)纳税人应在收到《企业所得税核定征收鉴定表》后10个工作日内,填好该表并报送主管税务机关。《企业所得税核定征收鉴定表》一式三联,主管税务机关和县税务机关各执一联,另一联送达纳税人执行。主管税务机关还可根据实际工作需要,适当增加联次备用。

(二)主管税务机关应在受理《企业所得税核定征收鉴定表》后20个工作日内,分类逐户审查核实,提出鉴定意见,并报县税务机关复核、认定。

(三)县税务机关应在收到《企业所得税核定征收鉴定表》后30个工作日内,完成复核、认定工作。

纳税人收到《企业所得税核定征收鉴定表》后,未在规定期限内填列、报送的,税务机关视同纳税人已经报送,按上述程序进行复核认定。

第十一条　税务机关应在每年6月底前对上年度实行核定征收企业所得税的纳税人进行重新鉴定。重新鉴定工作完成前,纳税人可暂按上年度的核定征收方式预缴企业所得税;重新鉴定工作完成后,按重新鉴定的结果进行调整。

第十二条　主管税务机关应当分类逐户公示核定的应纳所得税额或应税所得率。主管税务机关应当按照便于纳税人及社会各界了解、监督的原则确定公示地点、方式。

纳税人对税务机关确定的企业所得税征收方式、核定的应纳所得税额或应税所得率有异议的，应当提供合法、有效的相关证据，税务机关经核实认定后调整有异议的事项。

第十三条 纳税人实行核定应税所得率方式的，按下列规定申报纳税：

（一）主管税务机关根据纳税人应纳税额的大小确定纳税人按月或者按季预缴，年终汇算清缴。预缴方法一经确定，一个纳税年度内不得改变。

（二）纳税人应依照确定的应税所得率计算纳税期间实际应缴纳的税额，进行预缴。按实际数额预缴有困难的，经主管税务机关同意，可按上一年度应纳税额的1/12或1/4预缴，或者按经主管税务机关认可的其他方法预缴。

（三）纳税人预缴税款或年终进行汇算清缴时，应按规定填写《中华人民共和国企业所得税月（季）度预缴纳税申报表（B类）》，在规定的纳税申报时限内报送主管税务机关。

第十四条 纳税人实行核定应纳所得税额方式的，按下列规定申报纳税：

（一）纳税人在应纳所得税额尚未确定之前，可暂按上年度应纳所得税额的1/12或1/4预缴，或者按经主管税务机关认可的其他方法，按月或按季分期预缴。

（二）在应纳所得税额确定以后，减除当年已预缴的所得税额，余额按剩余月份或季度均分，以此确定以后各月或各季的应纳税额，由纳税人按月或按季填写《中华人民共和国企业所得税月（季）度预缴纳税申报表（B类）》，在规定的纳税申报期限内进行纳税申报。

（三）纳税人年度终了后，在规定的时限内按照实际经营额或实际应纳税额向税务机关申报纳税。申报额超过核定经营额或应纳税额的，按申报额缴纳税款；申报额低于核定经营额或应纳税额的，按核定经营额或应纳税额缴纳税款。

第十五条 对违反本办法规定的行为，按照《中华人民共和国税收征收管理法》及其实施细则的有关规定处理。

第十六条 各省、自治区、直辖市和计划单列市税务局，根据本办法的规定制定具体实施办法，并报国家税务总局备案。

第十七条 本办法自2008年1月1日起执行。《国家税务总局关于印发〈核定征收企业所得税暂行办法〉的通知》(国税发〔2000〕38号)同时废止。

附件：(略)

非居民企业所得税核定征收管理办法

(2010年2月20日国家税务总局发布 国税发〔2010〕19号 根据2015年4月17日国家税务总局公告2015年第22号《关于修改〈非居民企业所得税核定征收管理办法〉等文件的公告》第一次修正 根据2016年5月5日国家税务总局公告2016年第28号《关于修改按经费支出换算收入方式核定非居民企业应纳税所得额计算公式的公告》第二次修正 根据2018年6月15日国家税务总局公告2018年第31号《关于修改部分税收规范性文件的公告》第三次修正)

第一条 为了规范非居民企业所得税核定征收工作，根据《中华人民共和国企业所得税法》(以下简称企业所得税法)及其实施条例和《中华人民共和国税收征收管理法》(以下简称税收征管法)及其实施细则,制定本办法。

第二条　本办法适用于企业所得税法第三条第二款规定的非居民企业,外国企业常驻代表机构企业所得税核定办法按照有关规定办理。

第三条　非居民企业应当按照税收征管法及有关法律法规设置账簿,根据合法、有效凭证记账,进行核算,并应按照其实际履行的功能与承担的风险相匹配的原则,准确计算应纳税所得额,据实申报缴纳企业所得税。

第四条　非居民企业因会计账簿不健全,资料残缺难以查账,或者其他原因不能准确计算并据实申报其应纳税所得额的,税务机关有权采取以下方法核定其应纳税所得额。

(一)按收入总额核定应纳税所得额:适用于能够正确核算收入或通过合理方法推定收入总额,但不能正确核算成本费用的非居民企业。计算公式如下:

应纳税所得额 = 收入总额 × 经税务机关核定的利润率

(二)按成本费用核定应纳税所得额:适用于能够正确核算成本费用,但不能正确核算收入总额的非居民企业。计算公式如下:

应纳税所得额 = 成本费用总额/(1 - 经税务机关核定的利润率) × 经税务机关核定的利润率

(三)按经费支出换算收入核定应纳税所得额:适用于能够正确核算经费支出总额,但不能正确核算收入总额和成本费用的非居民企业。计算公式:

应纳税所得额 = 本期经费支出额/(1 - 核定利润率) × 核定利润率

第五条　税务机关可按照以下标准确定非居民企业的利润率:

（一）从事承包工程作业、设计和咨询劳务的，利润率为15%～30%；

（二）从事管理服务的，利润率为30%～50%；

（三）从事其他劳务或劳务以外经营活动的，利润率不低于15%。

税务机关有根据认为非居民企业的实际利润率明显高于上述标准的，可以按照比上述标准更高的利润率核定其应纳税所得额。

第六条 非居民企业与中国居民企业签订机器设备或货物销售合同，同时提供设备安装、装配、技术培训、指导、监督服务等劳务，其销售货物合同中未列明提供上述劳务服务收费金额，或者计价不合理的，主管税务机关可以根据实际情况，参照相同或相近业务的计价标准核定劳务收入。无参照标准的，以不低于销售货物合同总价款的10%为原则，确定非居民企业的劳务收入。

第七条 非居民企业为中国境内客户提供劳务取得的收入，凡其提供的服务全部发生在中国境内的，应全额在中国境内申报缴纳企业所得税。凡其提供的服务同时发生在中国境内外的，应以劳务发生地为原则划分其境内外收入，并就其在中国境内取得的劳务收入申报缴纳企业所得税。税务机关对其境内外收入划分的合理性和真实性有疑义的，可以要求非居民企业提供真实有效的证明，并根据工作量、工作时间、成本费用等因素合理划分其境内外收入；如非居民企业不能提供真实有效的证明，税务机关可视同其提供的服务全部发生在中国境内，确定其劳务收入并据以征收企业所得税。

第八条 采取核定征收方式征收企业所得税的非居民企业，在中国境内从事适用不同核定利润率的经营活动，并取得应税所得的，应分别核算并适用相应的利润率计算缴纳企业所得税；凡不能分别核算的，应从高适用利润率，计算缴纳企业所得税。

第九条 主管税务机关应及时向非居民企业送达《非居民企业所得税征收方式鉴定表》（见附件，以下简称《鉴定表》），非居民企业应在收到《鉴定表》后10个工作日内,完成《鉴定表》的填写并送达主管税务机关,主管税务机关在受理《鉴定表》后20个工作日内,完成该项征收方式的确认工作。

第十条 税务机关发现非居民企业采用核定征收方式计算申报的应纳税所得额不真实,或者明显与其承担的功能风险不相匹配的,有权予以调整。

第十一条 各省、自治区、直辖市和计划单列市税务局可按照本办法第五条规定确定适用的核定利润率幅度,并根据本办法规定制定具体操作规程,报国家税务总局(国际税务司)备案。

第十二条 本办法自发布之日起施行。

附件:非居民企业所得税征收方式鉴定表(略)

企业资产损失所得税税前扣除管理办法[①]

(2011年3月31日国家税务总局公告2011年第25号公布 根据2018年6月15日国家税务总局公告2018年第31号《关于修改部分税收规范性文件的公告》修正)

第一章 总 则

第一条 根据《中华人民共和国企业所得税法》(以下简称企

① 第十二条已被2014年3月17日国家税务总局公告2014年第18号《关于企业因国务院决定事项形成的资产损失税前扣除问题的公告》废止,第四条、第七条、第八条、第十三条有关资产损失证据资料、会计核算资料、纳税资料等相关资料报送的内容已被2018年4月10日国家税务总局公告2018年第15号《关于企业所得税资产损失资料留存备查有关事项的公告》废止。——编者注

业所得税法）及其实施条例、《中华人民共和国税收征收管理法》（以下简称征管法）及其实施细则、《财政部国家税务总局关于企业资产损失税前扣除政策的通知》（财税〔2009〕57号）（以下简称《通知》）的规定，制定本办法。

第二条 本办法所称资产是指企业拥有或者控制的、用于经营管理活动相关的资产，包括现金、银行存款、应收及预付款项（包括应收票据、各类垫款、企业之间往来款项）等货币性资产，存货、固定资产、无形资产、在建工程、生产性生物资产等非货币性资产，以及债权性投资和股权（权益）性投资。

第三条 准予在企业所得税税前扣除的资产损失，是指企业在实际处置、转让上述资产过程中发生的合理损失（以下简称实际资产损失），以及企业虽未实际处置、转让上述资产，但符合《通知》和本办法规定条件计算确认的损失（以下简称法定资产损失）。

第四条 企业实际资产损失，应当在其实际发生且会计上已作损失处理的年度申报扣除；法定资产损失，应当在企业向主管税务机关提供证据资料证明该项资产已符合法定资产损失确认条件，且会计上已作损失处理的年度申报扣除。

第五条 企业发生的资产损失，应按规定的程序和要求向主管税务机关申报后方能在税前扣除。未经申报的损失，不得在税前扣除。

第六条 企业以前年度发生的资产损失未能在当年税前扣除的，可以按照本办法的规定，向税务机关说明并进行专项申报扣除。其中，属于实际资产损失，准予追补至该项损失发生年度扣除，其追补确认期限一般不得超过五年，但因计划经济体制转轨过程中遗留的资产损失、企业重组上市过程中因权属不清出现争议而未能及时扣除的资产损失、因承担国家政策性任务而形成的资产损失以及政策定性不明确而形成资产损失等特殊原因形成的资产损失,其追补确认期限经国家税务总局批准后可适当延长。属于法定资产损失,应在申报年度扣除。

企业因以前年度实际资产损失未在税前扣除而多缴的企业所得税税款,可在追补确认年度企业所得税应纳税款中予以抵扣,不足抵扣的,向以后年度递延抵扣。

企业实际资产损失发生年度扣除追补确认的损失后出现亏损的,应先调整资产损失发生年度的亏损额,再按弥补亏损的原则计算以后年度多缴的企业所得税税款,并按前款办法进行税务处理。

第二章 申报管理

第七条 企业在进行企业所得税年度汇算清缴申报时,可将资产损失申报材料和纳税资料作为企业所得税年度纳税申报表的附件一并向税务机关报送。

第八条 企业资产损失按其申报内容和要求的不同,分为清单申报和专项申报两种申报形式。其中,属于清单申报的资产损失,企业可按会计核算科目进行归类、汇总,然后再将汇总清单报送税务机关,有关会计核算资料和纳税资料留存备查;属于专项申报的资产损失,企业应逐项(或逐笔)报送申请报告,同时附送会计核算资料及其他相关的纳税资料。

企业在申报资产损失税前扣除过程中不符合上述要求的,税务机关应当要求其改正,企业拒绝改正的,税务机关有权不予受理。

第九条 下列资产损失,应以清单申报的方式向税务机关申报扣除：

（一）企业在正常经营管理活动中，按照公允价格销售、转让、变卖非货币资产的损失；

（二）企业各项存货发生的正常损耗；

（三）企业固定资产达到或超过使用年限而正常报废清理的损失；

（四）企业生产性生物资产达到或超过使用年限而正常死亡发生的资产损失；

（五）企业按照市场公平交易原则，通过各种交易场所、市场等买卖债券、股票、期货、基金以及金融衍生产品等发生的损失。

第十条　前条以外的资产损失，应以专项申报的方式向税务机关申报扣除。企业无法准确判别是否属于清单申报扣除的资产损失，可以采取专项申报的形式申报扣除。

第十一条　在中国境内跨地区经营的汇总纳税企业发生的资产损失，应按以下规定申报扣除：

（一）总机构及其分支机构发生的资产损失，除应按专项申报和清单申报的有关规定，各自向当地主管税务机关申报外，各分支机构同时还应上报总机构；

（二）总机构对各分支机构上报的资产损失，除税务机关另有规定外，应以清单申报的形式向当地主管税务机关进行申报；

（三）总机构将跨地区分支机构所属资产捆绑打包转让所发生的资产损失，由总机构向当地主管税务机关进行专项申报。

第十二条　企业因国务院决定事项形成的资产损失，应向国家税务总局提供有关资料。国家税务总局审核有关情况后，将损失情况通知相关税务机关。企业应按本办法的要求进行专项申报。

第十三条　属于专项申报的资产损失，企业因特殊原因不能在规定的时限内报送相关资料的，可以向主管税务机关提出申请，经主管税务机关同意后，可适当延期申报。

第十四条　企业应当建立健全资产损失内部核销管理制度，及时收集、整理、编制、审核、申报、保存资产损失税前扣除证据材料，方便税务机关检查。

第十五条　税务机关应按分项建档、分级管理的原则，建立企业资产损失税前扣除管理台账和纳税档案，及时进行评估。对资产损失金额较大或经评估后发现不符合资产损失税前扣除规定、或存有疑点、异常情况的资产损失，应及时进行核查。对有证据证明申报扣除的资产损失不真实、不合法的，应依法作出税收处理。

第三章　资产损失确认证据

第十六条　企业资产损失相关的证据包括具有法律效力的外部证据和特定事项的企业内部证据。

第十七条　具有法律效力的外部证据，是指司法机关、行政机关、专业技术鉴定部门等依法出具的与本企业资产损失相关的具有法律效力的书面文件，主要包括：

（一）司法机关的判决或者裁定；

（二）公安机关的立案结案证明、回复；

（三）工商部门出具的注销、吊销及停业证明；

（四）企业的破产清算公告或清偿文件；

（五）行政机关的公文；

（六）专业技术部门的鉴定报告；

（七）具有法定资质的中介机构的经济鉴定证明；

（八）仲裁机构的仲裁文书；

（九）保险公司对投保资产出具的出险调查单、理赔计算单等保险单据；

（十）符合法律规定的其他证据。

第十八条 特定事项的企业内部证据，是指会计核算制度健全、内部控制制度完善的企业，对各项资产发生毁损、报废、盘亏、死亡、变质等内部证明或承担责任的声明，主要包括：

（一）有关会计核算资料和原始凭证；

（二）资产盘点表；

（三）相关经济行为的业务合同；

（四）企业内部技术鉴定部门的鉴定文件或资料；

（五）企业内部核批文件及有关情况说明；

（六）对责任人由于经营管理责任造成损失的责任认定及赔偿情况说明；

（七）法定代表人、企业负责人和企业财务负责人对特定事项真实性承担法律责任的声明。

第四章　货币资产损失的确认

第十九条 企业货币资产损失包括现金损失、银行存款损失和应收及预付款项损失等。

第二十条 现金损失应依据以下证据材料确认：

（一）现金保管人确认的现金盘点表（包括倒推至基准日的记录）；

（二）现金保管人对于短缺的说明及相关核准文件；

（三）对责任人由于管理责任造成损失的责任认定及赔偿情

况的说明;

(四)涉及刑事犯罪的,应有司法机关出具的相关材料;

(五)金融机构出具的假币收缴证明。

第二十一条 企业因金融机构清算而发生的存款类资产损失应依据以下证据材料确认:

(一)企业存款类资产的原始凭据;

(二)金融机构破产、清算的法律文件;

(三)金融机构清算后剩余资产分配情况资料。

金融机构应清算而未清算超过三年的,企业可将该款项确认为资产损失,但应有法院或破产清算管理人出具的未完成清算证明。

第二十二条 企业应收及预付款项坏账损失应依据以下相关证据材料确认:

(一)相关事项合同、协议或说明;

(二)属于债务人破产清算的,应有人民法院的破产、清算公告;

(三)属于诉讼案件的,应出具人民法院的判决书或裁决书或仲裁机构的仲裁书,或者被法院裁定终(中)止执行的法律文书;

(四)属于债务人停止营业的,应有工商部门注销、吊销营业执照证明;

(五)属于债务人死亡、失踪的,应有公安机关等有关部门对债务人个人的死亡、失踪证明;

(六)属于债务重组的,应有债务重组协议及其债务人重组收益纳税情况说明;

(七)属于自然灾害、战争等不可抗力而无法收回的,应有债务人受灾情况说明以及放弃债权申明。

第二十三条 企业逾期三年以上的应收款项在会计上已作为损失处理的,可以作为坏账损失,但应说明情况,并出具专项报告。

第二十四条 企业逾期一年以上,单笔数额不超过五万或者不超过企业年度收入总额万分之一的应收款项,会计上已经作为损失处理的,可以作为坏账损失,但应说明情况,并出具专项报告。

第五章 非货币资产损失的确认

第二十五条 企业非货币资产损失包括存货损失、固定资产损失、无形资产损失、在建工程损失、生产性生物资产损失等。

第二十六条 存货盘亏损失,为其盘亏金额扣除责任人赔偿后的余额,应依据以下证据材料确认:

(一)存货计税成本确定依据;

(二)企业内部有关责任认定、责任人赔偿说明和内部核批文件;

(三)存货盘点表;

(四)存货保管人对于盘亏的情况说明。

第二十七条 存货报废、毁损或变质损失,为其计税成本扣除残值及责任人赔偿后的余额,应依据以下证据材料确认:

(一)存货计税成本的确定依据;

(二)企业内部关于存货报废、毁损、变质、残值情况说明及核销资料;

(三)涉及责任人赔偿的,应当有赔偿情况说明;

(四)该项损失数额较大的(指占企业该类资产计税成本10%以上,或减少当年应纳税所得、增加亏损10%以上,下同),应有专业技术鉴定意见或法定资质中介机构出具的专项报告等。

第二十八条 存货被盗损失,为其计税成本扣除保险理赔以及责任人赔偿后的余额,应依据以下证据材料确认:

(一)存货计税成本的确定依据;

(二)向公安机关的报案记录;

(三)涉及责任人和保险公司赔偿的,应有赔偿情况说明等。

第二十九条 固定资产盘亏、丢失损失,为其账面净值扣除责任人赔偿后的余额,应依据以下证据材料确认:

(一)企业内部有关责任认定和核销资料;

(二)固定资产盘点表;

(三)固定资产的计税基础相关资料;

(四)固定资产盘亏、丢失情况说明;

(五)损失金额较大的,应有专业技术鉴定报告或法定资质中介机构出具的专项报告等。

第三十条 固定资产报废、毁损损失,为其账面净值扣除残值和责任人赔偿后的余额,应依据以下证据材料确认:

(一)固定资产的计税基础相关资料;

(二)企业内部有关责任认定和核销资料;

(三)企业内部有关部门出具的鉴定材料;

(四)涉及责任赔偿的,应当有赔偿情况的说明;

(五)损失金额较大的或自然灾害等不可抗力原因造成固定资产毁损、报废的,应有专业技术鉴定意见或法定资质中介机构出具的专项报告等。

第三十一条 固定资产被盗损失,为其账面净值扣除责任人赔偿后的余额,应依据以下证据材料确认:

(一)固定资产计税基础相关资料;

(二)公安机关的报案记录,公安机关立案、破案和结案的证明材料；

（三）涉及责任赔偿的，应有赔偿责任的认定及赔偿情况的说明等。

第三十二条 在建工程停建、报废损失，为其工程项目投资账面价值扣除残值后的余额，应依据以下证据材料确认：

（一）工程项目投资账面价值确定依据；

（二）工程项目停建原因说明及相关材料；

（三）因质量原因停建、报废的工程项目和因自然灾害和意外事故停建、报废的工程项目，应出具专业技术鉴定意见和责任认定、赔偿情况的说明等。

第三十三条 工程物资发生损失，可比照本办法存货损失的规定确认。

第三十四条 生产性生物资产盘亏损失，为其账面净值扣除责任人赔偿后的余额，应依据以下证据材料确认：

（一）生产性生物资产盘点表；

（二）生产性生物资产盘亏情况说明；

（三）生产性生物资产损失金额较大的，企业应有专业技术鉴定意见和责任认定、赔偿情况的说明等。

第三十五条 因森林病虫害、疫情、死亡而产生的生产性生物资产损失，为其账面净值扣除残值、保险赔偿和责任人赔偿后的余额，应依据以下证据材料确认：

（一）损失情况说明；

（二）责任认定及其赔偿情况的说明；

（三）损失金额较大的，应有专业技术鉴定意见。

第三十六条 对被盗伐、被盗、丢失而产生的生产性生物资产损失，为其账面净值扣除保险赔偿以及责任人赔偿后的余额，应依据以下证据材料确认：

（一）生产性生物资产被盗后，向公安机关的报案记录或公安机关立案、破案和结案的证明材料；

（二）责任认定及其赔偿情况的说明。

第三十七条 企业由于未能按期赎回抵押资产，使抵押资产被拍卖或变卖，其账面净值大于变卖价值的差额，可认定为资产损失，按以下证据材料确认：

（一）抵押合同或协议书；

（二）拍卖或变卖证明、清单；

（三）会计核算资料等其他相关证据材料。

第三十八条 被其他新技术所代替或已经超过法律保护期限，已经丧失使用价值和转让价值，尚未摊销的无形资产损失，应提交以下证据备案：

（一）会计核算资料；

（二）企业内部核批文件及有关情况说明；

（三）技术鉴定意见和企业法定代表人、主要负责人和财务负责人签章证实无形资产已无使用价值或转让价值的书面申明；

（四）无形资产的法律保护期限文件。

第六章 投资损失的确认

第三十九条 企业投资损失包括债权性投资损失和股权（权益）性投资损失。

第四十条 企业债权投资损失应依据投资的原始凭证、合同或协议、会计核算资料等相关证据材料确认。下列情况债权投资损失的，还应出具相关证据材料：

（一）债务人或担保人依法被宣告破产、关闭、被解散或撤销、被吊销营业执照、失踪或者死亡等，应出具资产清偿证明或者遗产清偿证明。无法出具资产清偿证明或者遗产清偿证明，且上述事项超过三年以上的，或债权投资（包括信用卡透支和助学贷款）余额在三百万元以下的，应出具对应的债务人和担保人破产、关闭、解散证明、撤销文件、工商行政管理部门注销证明或查询证明以及追索记录等（包括司法追索、电话追索、信件追索和上门追索等原始记录）；

（二）债务人遭受重大自然灾害或意外事故，企业对其资产进行清偿和对担保人进行追偿后，未能收回的债权，应出具债务人遭受重大自然灾害或意外事故证明、保险赔偿证明、资产清偿证明等；

（三）债务人因承担法律责任，其资产不足归还所借债务，又无其他债务承担者的，应出具法院裁定证明和资产清偿证明；

（四）债务人和担保人不能偿还到期债务，企业提出诉讼或仲裁的，经人民法院对债务人和担保人强制执行，债务人和担保人均无资产可执行，人民法院裁定终结或终止（中止）执行的，应出具人民法院裁定文书；

（五）债务人和担保人不能偿还到期债务，企业提出诉讼后被驳回起诉的、人民法院不予受理或不予支持的，或经仲裁机构裁决免除（或部分免除）债务人责任，经追偿后无法收回的债权，应提交法院驳回起诉的证明，或法院不予受理或不予支持证明，或仲裁机构裁决免除债务人责任的文书；

（六）经国务院专案批准核销的债权，应提供国务院批准文件或经国务院同意后由国务院有关部门批准的文件。

第四十一条　企业股权投资损失应依据以下相关证据材料确认：

（一）股权投资计税基础证明材料；

（二）被投资企业破产公告、破产清偿文件；

（三）工商行政管理部门注销、吊销被投资单位营业执照文件；

（四）政府有关部门对被投资单位的行政处理决定文件；

（五）被投资企业终止经营、停止交易的法律或其他证明文件；

（六）被投资企业资产处置方案、成交及入账材料；

（七）企业法定代表人、主要负责人和财务负责人签章证实有关投资（权益）性损失的书面申明；

（八）会计核算资料等其他相关证据材料。

第四十二条 被投资企业依法宣告破产、关闭、解散或撤销、吊销营业执照、停止生产经营活动、失踪等，应出具资产清偿证明或者遗产清偿证明。

上述事项超过三年以上且未能完成清算的，应出具被投资企业破产、关闭、解散或撤销、吊销等的证明以及不能清算的原因说明。

第四十三条 企业委托金融机构向其他单位贷款，或委托其他经营机构进行理财，到期不能收回贷款或理财款项，按照本办法第六章有关规定进行处理。

第四十四条 企业对外提供与本企业生产经营活动有关的担保，因被担保人不能按期偿还债务而承担连带责任，经追索，被担保人无偿还能力，对无法追回的金额，比照本办法规定的应收款项损失进行处理。

与本企业生产经营活动有关的担保是指企业对外提供的与本企业应税收入、投资、融资、材料采购、产品销售等生产经营活动相关的担保。

第四十五条 企业按独立交易原则向关联企业转让资产而发生的损失,或向关联企业提供借款、担保而形成的债权损失,准予扣除,但企业应作专项说明,同时出具中介机构出具的专项报告及其相关的证明材料。

第四十六条 下列股权和债权不得作为损失在税前扣除:

(一)债务人或者担保人有经济偿还能力,未按期偿还的企业债权;

(二)违反法律、法规的规定,以各种形式、借口逃废或悬空的企业债权;

(三)行政干预逃废或悬空的企业债权;

(四)企业未向债务人和担保人追偿的债权;

(五)企业发生非经营活动的债权;

(六)其他不应当核销的企业债权和股权。

第七章 其他资产损失的确认

第四十七条 企业将不同类别的资产捆绑(打包),以拍卖、询价、竞争性谈判、招标等市场方式出售,其出售价格低于计税成本的差额,可以作为资产损失并准予在税前申报扣除,但应出具资产处置方案、各类资产作价依据、出售过程的情况说明、出售合同或协议、成交及入账证明、资产计税基础等确定依据。

第四十八条 企业正常经营业务因内部控制制度不健全而出现操作不当、不规范或因业务创新但政策不明确、不配套等原因形成的资产损失,应由企业承担的金额,可以作为资产损失并准予在税前申报扣除,但应出具损失原因证明材料或业务监管部门定性证明、损失专项说明。

第四十九条 企业因刑事案件原因形成的损失,应由企业承担的金额,或经公安机关立案侦查两年以上仍未追回的金额,可以作为资产损失并准予在税前申报扣除,但应出具公安机关、人民检察院的立案侦查情况或人民法院的判决书等损失原因证明材料。

第八章 附 则

第五十条 本办法没有涉及的资产损失事项,只要符合企业所得税法及其实施条例等法律、法规规定的,也可以向税务机关申报扣除。

第五十一条 省、自治区、直辖市和计划单列市税务局可以根据本办法制定具体实施办法。

第五十二条 本办法自 2011 年 1 月 1 日起施行,《国家税务总局关于印发〈企业资产损失税前扣除管理办法〉的通知》(国税发〔2009〕88 号)、《国家税务总局关于企业以前年度未扣除资产损失企业所得税处理问题的通知》(国税函〔2009〕772 号)、《国家税务总局关于电信企业坏账损失税前扣除问题的通知》(国税函〔2010〕196 号)同时废止。本办法生效之日前尚未进行税务处理的资产损失事项,也应按本办法执行。